VENTE

DES 9, 10 ET 11 MAI 1910

Monnaies Grecques

ANTIQUES

PARIS

—

1910

MONNAIES GRECQUES

ANTIQUES

VENTE A L'HOTEL DROUOT

SALLE N° 7

LES 9, 10 ET 11 MAI 1910

à 2 heures précises.

<table>
<tr><td>COMMISSAIRE-PRISEUR :
Me André DESVOUGES
26, rue de la Grange-Batelière</td><td>EXPERTS :
MM. ROLLIN et FEUARDENT
4, rue de Louvois.</td></tr>
</table>

Exposition particulière : chez les Experts, les 6 et 7 Mai,
de 2 à 5 heures.

Exposition publique : à l'Hôtel Drouot, le 9 Mai,
de 1 à 2 heures.

PARIS

1910

CONDITIONS DE LA VENTE

La vente sera faite au comptant.

Les acquéreurs paieront dix pour cent en sus des prix d'adjudication.

Les experts se réservent la faculté de réunir ou de diviser les lots.

Ils se chargent, aux conditions habituelles (5 °/₀ sur le chiffre des adjudications), des commissions qu'on voudra bien leur confier.

L'exposition mettant le public à même de se rendre compte de l'état et de la nature des objets, il ne sera admis aucune réclamation une fois l'adjudication prononcée.

MÉDAILLES GRECQUES

ESPAGNE

1 **Emporiae.** Buste diadémé de Diane, le carquois sur l'épaule.
R². Pégase courant à dr., la tête formée par une figurine
d'Amour ailé. Dessous, un gouvernail. — Drachme. Æ¹.

> Vente Léon Lacroix (1888), n. 1.

> *Voir planche I.*

2 **Osca.** Tête barbue à dr. ; derrière, **HM.** R². Cavalier galopant
à dr., la lance en arrêt. Exergue : *olskn* en lettres celtibériennes.
— Drachme. Æ¹.

3 **Ebusus** (ile d'). Le dieu Bes, de face, coiffé de plumes, le bras
dr. levé, l'autre armé d'une houlette. R². Taureau cornupète
à g. — Br¹.

> Vente Dugniolle (1885), n. 79.

GAULE

4 **Trésor d'Auriol.** Protome de lion couché à g. Ancien style. R².
Carré creux. — Æ².

5 La même plus petite. — Æ¹.

6 Protome de lion ailé, a g., la gueule béante. Ancien style. R².
Carré creux. — Æ¹.

7 Tête de bélier à dr. R². Carré creux. — Æ².

> *Voir planche I.*

8 Tête casquée de Minerve d'ancien style, à dr. ℞. Carré creux.
— Æ'. TB.

9 Masque imberbe de face. ℞. Carré creux. — Æ'.

10 **Marseille.** Tête d'Apollon à dr. ℞. M[A] dans une roue à
quatre rais. — Obole. Æ'.

11 Même tête à g. ℞. le même, avec **MA**. — Obole. Æ'.

12 Buste drapé et diadémé de Diane, à dr., le carquois sur l'épaule.
℞. **MAΣΣA[ΛΙ]HT**. Lion à g. Exergue, **A**. — Drachme.
Æ'. TB.

> Vente Richard (1884), n. 201.

13 Tête laurée d'Apollon à g. ℞. Taureau de sacrifice à dr. Exergue :
MAΣΣAΛIHT. — Br.', biscauté.

14 **Nimes.** Bustes adossés d'Octavianus et d'Agrippa ; dessous,
DIVI F. ℞. **COL NEM**. Crocodile attaché à une branche de
palmier. — Br².

15 **IMP DIVI F** et **[P]P**. Mêmes bustes, l'un lauré, l'autre (d'Agrippa)
avec la couronne rostrale. ℞. le même ; couronne attachée
à la palme. — Br.⁸ Patine verte.

PANNONIE

16 Tête de Jupiter, couronnée de chêne. ℞. Cavalier nu et barbu,
le bras g. levé ; le cheval va au pas à g. — Æ⁶. Imitation
barbare des statères de Philippe II de Macédoine.

ÉTRURIE

17 Tête imberbe à g. ; devant, le chiffre **X**. ℞. Surface plane et
lisse. — Or'. FDC.

> Vente d'un *laic collector* (1900), n. 1.
> *Voir planche I.*

18 Masque de Méduse d'ancien style ; dessous, **X : X**. ℞. Surface
plane et lisse. — Æ³.

Vente Smith (1890), n. 430.

SAMNIUM

19 **Aesernia**. **VOLCANOM**. Tête imberbe de Vulcain, à g., coiffée
d'un bonnet conique et lauré ; derrière, les tenailles. ℞.
Bige de Jupiter, à dr. En exergue,..... **NIN**. — Br.³ Patine
verte.

20 **Guerre sociale**. Tête de femme coiffée d'un casque ailé ; devant,
le chiffre **X**. ℞. Les deux Dioscures galopant à dr. Exergue,
viitelio en lettres osques. — Denier. Æ³.

21 Tête laurée de l'Italie, à g. ; derrière, *viitelio* en osque. ℞.
Guerrier samnite debout près d'un taureau couché de face.
Traces d'une lettre en exergue. -- Denier. Æ¹.

CAMPANIE

22 **Rome** (*pièces de style campanien*). Buste casqué de Mars, à dr. ;
dessous, les chiffres **ΥX**. ℞. Aigle éployé à dr. sur le foudre.
Exergue : **ROMA**. Or³. TB.

Vente Montagu (1896), n. 4.

Voir planche I.

23 Double tête imberbe et laurée. ℞. Jupiter dans un quadrige
galopant à dr. ; il tient un sceptre et brandit le foudre. Une
petite Victoire tient les rênes du char. Exergue : **ROMA** en
lettres incuses. — Æ⁶.

24 **ROMANO**. Tête laurée d'Apollon à g., de style sévère. ℞.
Cheval libre galopant à dr. ; dessus, un soleil. — Æ³.

Voir planche I.

25 Tête de Mercure à dr., coiffée du pétase. Globule dans le champ.
℞. [R]OMA. Proue de vaisseau ; deux globules dans le champ.
— Br⁶. Patine verte.

26 Tête de Pallas à g., de très beau style. Globule dans le champ.
℞. ROMA. Proue de vaisseau et globule. — Br⁷. Patine
verte.

27 Tête de Mercure au pétase ailé. ℞. Proue ; traces de légende. —
Br⁵. Patine verte.

28 Tête laurée d'Apollon. ℞. Cheval libre courant à g. ROMA. —
Br⁵. Patine verte.

29 Tête d'Iulus, coiffée d'un bonnet phrygien. ℞. Chien à dr.
Exergue, ROMA. — Br². Patine verte.

30 **Cales.** Tête casquée de Pallas à g. ; derrière, une massue. ℞.
Victoire conduisant un bige à g. Exergue : [CA]LEN[O]. —
Æ⁵.

31 **Cumes.** Tête de femme à dr. ℞. Lég. rétrograde KVMAION.
Pétoncle et grain d'orge. - - Æ⁵.

32 Tête de femme, de style plus récent. ℞. [KVM]AION. Pétoncle
et grain d'orge. — Æ⁶, fourrée.

33 **Hyrina.** Tête casquée de Minerve, à dr., le casque lauré et
orné d'une chouette. ℞. YⅅIℲⅅ (*sic*) rétrograde. Taureau
passant à dr. — Æ⁵.

Voir planche I.

34 Même tête à g., également avec une chouette sur le casque
lauré. ℞. VDINAI. Taureau à face humaine, allant à g. —
Æ⁵.

35 **Naples.** Tête de femme à dr., entourée de quatre dauphins.
℞. Taureau à face humaine, à dr., couronné par une Victoire
au vol. Exergue : [NE]OΓOΛITΩ[N]. — Æ⁵.

36 Tête de femme à g., parée d'une bandelette et de bijoux, les
cheveux finement dessinés ; derrière, un simpule. ℞. du n"
précédent. BI sous le taureau. Exergue : **NEOΓOΛITΩ[N]**. —
Æ³. TB.

Voir planche I.

37 Même tête à dr., de style moins ancien ; derrière, une grappe de
raisin ; dessous, **ΔIOΦANOYΣ**. ℞. Même sujet. Monogramme
ΓA sous le taureau ; exergue : **|N|EOΓOΛITHΣ**. — Æ³.

Voir planche I.

38 Tête de femme coiffée d'une bandelette et parée de bijoux ;
dessous, **APTEMI** et une figurine de Diane tenant deux
flambeaux. ℞. Taureau campanien, à dr., couronné par une
Victoire. Dessous, **N** ; exergue, **NEΩΓOΛITΩN** (*sic*). — Br⁶.
Patine noire. FDC.

Voir planche I.

39 Tête d'homme imberbe (portrait), à dr. ; derrière, étoile. ℞.
Cavalier galopant à g. ; dessous, **AΣ**. Exergue : **NEOΓOΛI-
TΩN**. — Br³. TB.

40 **Nola**. Tête de femme à dr. (beau style), avec pendant d'oreille,
collier et ténie très large. ℞. Taureau campanien cou-
ronné par une Victoire au vol. Exergue : **|N|ΩΛΛIΩN**. —
Æ⁴. TB.

Voir planche I.

41 Même tête, de style plus ancien. ℞. le même. Exergue :
|N|ΩΛΛ|IΩN|. — Æ.³ B.

Voir planche I.

42 **Nuceria Alfaterna**. Légende osque : *nukrinm alafaternam*. Tête
de jeune Fleuve, à g., avec corne de bélier à la tempe.
Derrière, une chouette ?. ℞. Dioscure nu, à g. armé d'un
sceptre et tenant un cheval par la bride. Æ³. TB.

43 **Phistelia**. Tête de femme, presque de face. ℞. Légende osque, *fistlus*. Taureau campanien à g. — Æ³. B.

44 **Suessa**. Tête laurée d'Apollon, à dr. ; derrière, épi de blé. ℞. Cavalier à g., conduisant deux chevaux et tenant une palme ornée d'une bandelette. Exergue : **SVESANO**. — Æ⁶. TB.

Voir planche I.

45 Autre exemplaire, d'un style plus beau. Symbole : triquètre. — Æ⁶.

Voir planche I.

46 Tête laurée d'Apollon à g. ; derrière, **O**. ℞. Taureau campanien à dr., couronné par une Victoire. Exergue, **SVESANO**. — Br³. Patine vert foncé. TB.

Voir planche I.

CALABRE

47 **Tarente**. Tête laurée d'Apollon ; devant, **TAP** rétrograde. ℞. **ΤΑΡΑΣ**. Taras accroupi de face, tenant à la main dr. une quenouille, et à l'autre une pelote de laine. Dessous, un dauphin. — Or².

Vente Léon Lacroix (1888), n. 92.

48 **ΤΑΡΑϞ** rétrograde. Taras assis à g. sur un dauphin, le bras dr. étendu ; dessous, coquille. ℞. Roue à quatre rais ; dans l'un des cantons, un dauphin (?). — Ancien style. — Æ⁴. Flan épais.

Même vente, n. 93.

49 Même lég. rétrograde. Taras assis sur le dauphin, à dr., le bras g. avancé, la main dr. tenant un poulpe. Bordure guillochée. ℞. Même lég. Hippocampe à dr. ; dessous, coquille. Bordure radiée. — Ancien style. — Æ⁶.

Voir planche I.

50 [TA]RAΣ. Démos assis à g. sur un siège et tenant une quenouille.
   R̸. TAPAΣ rétrograde. Taras sur le dauphin à dr., les deux
   bras avancés horizontalement. Dessous, coquille. — Æ⁶.

51 Sur un cheval qui va au pas à dr., éphèbe levant son bras
   droit pour se couronner lui-même. Dans le champ, IΩ,
   ΣΑΛΟ et une cuirasse. R̸. |T|APA|Σ|. Taras à g. sur le
   dauphin, tenant une quenouille et un aplustre. — Æ·.

   Vente Basele (1883), n. 2.

   Voir planche I.

52 Éphèbe nu, galopant à dr. ; dessous, Λ. R̸. TAPAΣ. Taras à g.
   sur le dauphin, un rhyton à la main. — Æ·.

   Vente Billoin (1886), n. 89.

53 Éphèbe armé d'un bouclier rond et galopant à g., le genou dr.
   plié sur l'épaule du cheval. Γ dans le champ. R̸. TAPAΣ.
   Taras sur le dauphin à g., tenant à sa main dr. avancée une
   couronne de feuilles. A dans le champ.   Æ·. TB.

   Voir planche I.

54 Éphèbe nu, galopant à dr. et donnant de son bras dr. levé un
   coup de javelot. Il porte deux autres javelots et un bouclier ;
   ΣΑ dans le champ. R̸. TAPAΣ. Taras sur le dauphin à dr.,
   tenant un arc et une flèche. Dans le champ, ⊦HP. — Æ·.
   TB.

   Vente de Paris (22 mai 1908), n. 28.

   Voir planche I.

55 Même sujet, le cavalier casqué. Dans le champ, EY et ΣΩΣ-
   TPATO|Σ|. R̸. Taras sur le dauphin à g., tenant une Victoire
   qui le couronne et une corne d'abondance. TAPAΣ, foudre et
   ΠΟΛΥ.   Æ·. TB.

   Vente de Paris (20 juin 1906), n. 101.

   Voir planche I.

56 Éphèbe tenant un flambeau et galopant à dr. Dans le champ,

monogramme et **ΔΑΙΜΑΧΟΣ**. ℞. **ΤΑΡΑΣ**. Taras sur le
dauphin à g., tenant un canthare et un trident. Monogramme
dans le champ. — Æ³. TB.

Voir planche I.

57 Les Dioscures galopant à g. **ΦΥ** en monogramme, et entre les
piedsdes chevaux : **[Σ]ΑΛΩ**. ℞.**ΤΑΡΑΣ**. Taras sur le dauphin
à g., tenant un bouclier rond (*épisème*, hippocampe à g.) et
une figurine de Victoire. Monogramme et, dans le bas, les
flots de la mer. — Æ⁵. TB.

58 Jeune cavalier à g., couronnant son cheval. **ΙΩ** et **ΣΩΓΕΝΗΣ**.
℞. **ΤΑΡΑΣ**. Taras sur le dauphin à g., tenant une corne
d'abondance et une figurine de Victoire. — Drachme. Æ⁴.
TB.

59 Tête de femme à g., avec bandelette, collier et pendant d'oreille.
℞. **ΤΑΡ**. Jeune cavalier à dr., couronnant son cheval. Dessous,
dauphin sur un trépied. — Æ⁵. B.

60 Tête de Pallas avec une Scylla sur le casque. ℞. Hercule nu,
agenouillé à dr. et soutenant l'attaque du lion de Némée. —
Æ². FDC.

Vente Paravey, n. 50.

Voir planche I.

LUCANIE

61 **Héraclée**. Tête de Pallas à dr., une Scylla sur le casque. ℞.
ΗΡΑΚΛ... Hercule nu, debout à dr. et luttant avec le lion
de Némée. Derrière, **Ϝ** et un **E** rétrograde ; pétoncle dans le
champ. — Æ⁶. TB.

Vente Léon Lacroix, n. 103.

Voir planche I.

62 Tête de Pallas à dr., coiffée d'un casque corinthien (*décor*,

griffon courant à dr.). Dessus, ⊢HPAKΛ. Dans le champ,
⊢H. ℞. Hercule nu, debout à g. et sacrifiant sur un autel ;
au bras g. il porte la massue et la peau de lion, sa main dr.
tient une patère. Foudre dans le champ. — Æ⁶. TB.

Même vente. n. 104.

63 Tête de Pallas, de face, le casque orné d'une Scylla et de trois
aigrettes. Monogramme. ℞. ⊢HPAKΛEIΩN et ΦIΛΩ.
Chouette sur une branche d'olivier ; derrière, massue. —
Æ⁴. TB.

Vente Bompois (1882), n. 201.

64 **Métaponte.** ΜΕΤ. Épi de blé dans une bordure ponctuée. ℞.
incus. — Æ⁹. TB.

Vente Ponton d'Amécourt (1886), n. 22.

65 ΜΕΤΑ. Épi de blé. ℞. Apollon nu, debout à g., tenant un
arc et un rameau d'olivier. — Æ⁶. B.

66 Tête de Cérès à g., coiffée d'épis. ℞. ΜΕΤΑ. Épi de blé,
ΛΥ et caducée. — Æ⁶. TB.

Vente Bompois, n. 212.

Voir planche I.

67 Tête d'Hygiée, d'ancien style. les cheveux ondulés et entourés
d'un ruban ; de chaque côté, un petit épi. Sur la tranche du
col, traces de lettres. ℞. ΜΕΤΑ. Épi de blé. — Æ⁵. TB.

Voir planche I.

68 Tête de Cérès à g., couronnée d'épis. ℞. ΜΕΤΑ. Tenailles sur
la tige de l'épi ; |A|ΘA dans le champ. — Æ⁵. TB.

Voir planche I.

69 Tête laurée d'Apollon ; traces de lettres (ΓΟ) sur la tranche du
cou. ℞. Μ ΕΤΑ. Épi de blé. — Æ⁵. B.

70 Tête de femme à g., avec des feuilles piquées sur la bandelette.
℞. ΜΕΤΑ. Épi de blé. — Æ⁵. TB.

71 Tête de jeune Fleuve, à dr., avec oreille de taureau et, à la tempe, une corne de bélier. ℞. [M ETA. Épi de blé. — ÆR⁶. TB.

> Vente de Londres (2 mai 1905), n. 133.
> *Voir planche I.*

72 Tête de femme, à dr., la bandelette parée de folioles ; traces de lettres ([E]YKA) sur la tranche du col. ℞. [M|ETAΓ. Épi et fruit avec sa tige. — ÆR⁵. TB.

> *Voir planche I.*

73 Tête de Cérès, coiffée de blé, la bandelette retombant sur la nuque. ℞. META. Épi de blé ; sur la tige, un insecte. — ÆR⁵. TB.

74 Tête de Cérès à g., coiffée de blé. ℞. META. Épi de blé et râteau. A dans le champ. — ÆR⁵. B.

75 Tête barbue et casquée de Leucippe, à dr. ; derrière, une grappe de raisin. ℞. META. Épi de blé. — ÆR⁵. B.

76 **Posidonia.** ΓOM. Neptune d'ancien style, debout à dr., le bras g. avancé, l'autre brandissant le trident. Bordure guillochée. ℞. incus, la légende en relief, la bordure en feuille de fougère. — ÆR⁹. TB.

> Vente Billoin (1886), n. 108.
> *Voir planche II.*

77 ΓOM rétrograde. Même sujet. ℞. incus, l'inscription en relief. — ÆR⁸. TB.

78 ΓOΣEIΔA. Même sujet. ℞. ΓOϞEIΔAN. Taureau passant à g. — ÆR⁵. B.

79 **Sybaris.** Taureau à g., retournant la tête. Exergue, MV rétrograde. Bords pointillés. ℞. incus, sans légende. — ÆR⁸. FDC.

> *Voir planche II.*

80 Autre exemplaire. — TB.

> Vente Billoin (1886). n. 114.

81 Division de la même. — Æ⁴.

82 **Thurium.** Tête de Pallas à dr., le casque orné d'une Scylla et
d'un griffon. R⅃. ΘΟΥΡΙΩΝ. Taureau cornupète à dr., la
barre perlée. En exergue, un thon. — Tétradrachme. Æ⁷.
TB.

> *Voir planche II.*

83 **Vélia.** Tête de femme d'ancien style, à dr., les cheveux noués
en chignon. R⅃. Lion à dr. ; au-dessus, une chouette éployée.
Exergue, ΥΕΛΗΤΕΩΝ· Æ⁴. B.

> *Voir planche II.*

84 Tête de femme à dr. (beau style), parée de bijoux ; devant, cep
de vigne. R⅃. Lion en arrêt, à dr. Exergue, chouette à dr. —
Æ⁵. TB.

> *Voir planche II.*

85 Tête de Pallas à g., le casque lauré. R⅃. |ΥΕ|ΛΗΤΕΩΝ· Lion
terrassant un cerf. — Æ⁵. FDC.

> Vente François (1897), n. 9.

> *Voir planche II.*

86 Tête de Pallas à dr., le casque orné d'un griffon courant. Δ dans
le champ. R⅃. Lion à dr. ; dessus, les lettres ΦΙ séparées par
un pentagramme. Exergue : ΥΕΛΗΤΩΝ. — Æ⁵. FDC.

> *Voir planche II.*

87 Même tête, à g., le casque lauré. R⅃. ΥΕΛΗΤΩΝ· Lion à g.,
terrassant un cerf. — Æ⁵. B.

> *Voir planche II.*

BRUTTIUM

88 Tête laurée d'Apollon, à g. ; derrière, lyre. ℞. [BP]ETTIΩ[N].
Bige au galop à dr., conduit par une Victoire. — B7. B.

89 Tête barbue de Mars, à g., le casque orné d'un griffon courant
à g. ; dessous, foudre. ℞. BPETTIΩN. Minerve courant à
dr., armée d'une lance et d'un bouclier. Symbole : chouette
au vol. — B8. B.

90 Tête d'Hercule jeune, à dr., coiffée de la peau de lion. ℞. de la
pièce précédente. Symbole : soc de charrue. — B7. B.

91 Tête laurée de Jupiter ; derrière, foudre. ℞. BPETTIΩN. Jeune
guerrier nu, casqué, armé d'une lance et d'un bouclier. Symbole : chouette éployée. — B5. B.

92 **Caulonia.** KAVꞭ. Apollon nu (ancien style), debout à dr., la
main dr. levée et tenant une branchette, le bras g. étendu et
supportant une figurine. Devant, un cerf retournant la tête en
arrière. Bordure guillochée. ℞. incus, bordure striée. — ÆR9.
B.

   Vente Ponton d'Amécourt (1886), n. 33.

93 KAVΛ rétrograde. Même motif. ℞. KAVΛ. Cerf debout à g. —
ÆR6.

   Vente Léon Lacrois, n. 146.

94 Lég. effacée. Même motif. ℞. Cerf à dr. — ÆR6. B.

   Même vente, n. 147.

95 **Crotone.** ϘϷO. Trépied dans une bordure perlée. ℞. incus. —
ÆR8. TB.

96 **Autre exemplaire.**

97 ϘϷOT. Aigle à g. sur un chapiteau. ℞. Même lég. Trépied ; à
g., un grain d'orge. — ÆR6. B.

98 Buste de face de Junon Lacinia, diadémée et parée d'un collier de perles. ℞. Hercule jeune, assis à g. sur un rocher couvert de la peau de lion ; de la main dr., il tient une petite aiguière et fait une libation sur un trépied. Dans le champ, arc et massue et les lettres **MΔ**. Traces de légende. — Æ³. B.

Voir planche II.

99 **ΚΡΟΤΩΝΙΑΤΑΣ**. Tête laurée d'Apollon à dr. (beau style). ℞. Hercule enfant accroupi, de face, sur un lit et étreignant les deux serpents. — Æ³. TB.

Voir planche II.

100 Tête laurée d'Apollon à dr. ℞. **KPO**. Trépied ; à dr., trois bandelettes suspendues. — Æ⁶. TB.

Vente de Paris (22 mai 1908), n. 91

Voir planche II.

101 Même avers ; derrière la tête, un graffite. ℞. **KPO**. Trépied ; à g., branche de laurier parée de deux bandelettes. — Æ⁶. B.

102 **Locres**. ΛΟΚΡΩΝ. Tête laurée de Jupiter à g. ℞. **ΡΩΜΑ·ΠΙΣΤΙΣ**. Rome assise à dr., le bras accoudé sur un bouclier ; devant elle, une femme debout qui la couronne. — Æ³. Rare. B.

Voir planche II.

103 Même avers. ℞. Aigle au vol, à g., dévorant un lièvre. Symbole : foudre. Sous le lièvre, contremarque ; **N** dans le champ. — Æ³. B.

104 Tête de Pallas à dr., coiffée d'un casque corinthien. Dessous, **EY**. ℞. **ΛΟΚΡΩΝ**. Femme assise à g. sur un siège, tenant une patère et un sceptre orné d'une tête de pavot. Deux étoiles dans le champ. Bˢ. B.

105 **Nuceria**. Tête laurée d'Apollon ; derrière, grappe de raisin. ℞. **NIYKPINΩN**. Cheval debout à g. ; dessous, étoile. — Bˢ. B.

106 **Rhegium**. Masque de lion. ℞. R[EC]ION. Tête de veau à g.
— Æ⁴, mutilé.

107 Masque de lion. ℞. PHΓI rétrograde. Homme assis à g., le
haut du corps à découvert. le bras appuyé sur un sceptre.
— Æ⁸. B.

Voir planche II.

108 Masque de lion. ℞. PHΓINON (les *n* rétrogrades). Tête laurée
d'Apollon (très beau style); derrière, une pousse d'olivier.
— Æ⁷. TB.

Voir planche II.

109 Masque de lion. ℞. PHΓI... Tête laurée d'Apollon, à g.; derrière, feuille d'olivier avec son fruit. — Æ⁶.

110 Mêmes types, la tête à dr. PHΓINON. — B⁴. B.

111 Tête laurée d'Apollon, à g.; derrière, lyre. ℞. PHΓINΩN. Trépied. — B⁵. B.

112 **Terina**. Tête de femme à g., parée d'un collier. ℞. TEPIN...
Victoire assise à g. sur un cippe (à angle saillant), le bras
dr. étendu, la main g. abaissée et tenant un caducée. — Æ⁶.
TB.

Voir planche II.

113 TEPIN[AIO]N. Tête de femme à dr., parée de boucles d'oreilles.
℞. Victoire assise à g. sur un cippe et tenant sur sa main
dr. un oiseau qui bat des ailes. — Æ⁶. B.

Voir planche II.

114 TEPI[N]AION. Tête de femme à g. ℞. Variante de la pièce
précédente, la Victoire tenant à sa main dr. une couronne de
feuilles et un oiseau battant des ailes. Γ dans le champ. —
Æ⁶. B.

Voir planche II.

115 Dans une couronne d'olivier, tête de femme à g., parée d'un

collier de perles. ℞. **TEPINAION**. Victoire assise à g. sur une amphore renversée et tenant à sa main dr. avancée une couronne de feuilles, à sa g. un caducée. — Æ⁶, fourrée. TB.

Voir planche II.

SICILE

116 **Agrigente**. **AKP|A|Γ**. Aigle à g., dévorant un serpent ; dessous, deux globules. ℞. **ΣΙΛΑΝΟΣ**. Crabe. — Or¹. B.

117 **AKPA**. Aigle à g. ℞. Crabe (dans une aire concave). — Æ⁶. B.

118 **AKRACANTOΣ**. Aigle à g. ℞. Crabe (aire concave). — Æ⁸. Tétradrachme. TB.

   Vente Guilhou (1905), n. 168.

119 Variante avec **AKⷰACANTOΣ**. — Æ⁸. Tétradrachme. TB.

120 Deux aigles à dr., dévorant un lièvre ; derrière, **ΣΙΛΑΝΟΣ**. ℞. Victoire conduisant un quadrige au galop à g. Dessus, sur un cartel, **AKPAΓ**, puis, en seconde ligne, **ANTIN**. Exergue : massue. — Æ⁷. Tétradrachme. *Très rare.* TB.

   Voir planche II.

121 **AKPAΓA**.. Tête cornue et diadémée de jeune Fleuve, à g. ℞. Aigle à g. sur un chapiteau. Dans le champ, crabe et trois globules (sur six). — B⁸. Patine verte. B.

122 Tête laurée d'Apollon. ℞. Deux aigles à g., tenant un lièvre. — B⁶. B.

123 **Phintias, roi**. Tête de Kora, à g., coiffée d'épis. ℞. **BAΣΙ-ΛΕΟΣ ΦΙΝΤΙΑ**. Sanglier à g. — B⁶. TB.

   Voir planche II.

124 **Camarina.** Dans une couronne de laurier, Victoire (d'ancien style) volant à g.; dessous, un cygne à g. ℞. **KAMARI-NAION**. Pallas debout, vêtue de l'égide et s'appuyant sur une lance. — Æ². B.

125 [ΙΠΠ]ΑΡΙΣ. Tête imberbe du Fleuve Hipparis, à g., entre deux dauphins. ℞. Κ[ΑΜΑ]ΡΙΝΑΙΟΝ. Nymphe assise sur un cygne nageant à g.; elle retourne la tête et déploie sa draperie en guise de voile. Dans le champ, deux dauphins. — Æ⁶. *Extrêmement rare.* TB.

Vente de Londres (11 févr. 1899), n. 28.

Voir planche III.

126 **Catane.** Tête de Silène à g. (style sévère). ℞. **ΚΑΤΑΝΕ**. Foudre ailé et ornementé. — Æ¹. FDC.

Voir planche III.

127 ΚΑΤΑΝ[Α]ΙΩΝ. Tête laurée d'Apollon à dr. ℞. Quadrige galopant à g., le conducteur couronné par une Victoire au vol. Exergue : **ΚΑΤΑΝΑΙΩΝ** et thon à g. — Æ⁸. TB.

Voir planche III.

128 Tête laurée d'Apollon, de face. ℞. Quadrige galopant à dr., le conducteur couronné par une Victoire au vol. Au second plan, une colonne cannelée, la *meta*. Exergue : **ΚΑΤΑΝΑΙΩΝ** et une crevette. — Æ⁷. B.

Voir planche II.

129 ΑΜΕΝΑΝΟΣ. Tête imberbe et cornue du Fleuve Amenanos, à g. entre deux poissons de rivière et une crevette. Dessous, traces de lettres. ℞. Quadrige galopant à dr., le conducteur couronné par une Victoire. Exergue : **ΚΑΤΑΝΑΙΩ**. — Æ⁴. B.

Voir planche III.

130 **Centuripae.** Tête laurée d'Apollon. ℞. **ΚΕΝΤΟΡΙΠΙΝΩΝ**. Lyre. Six globules dans le champ. — B⁶. B.

131 **Eryx**. Tête de Vénus à dr. (ancien style). ℞. **EPY**. Chien debout à dr. — Æ¹.

132 Femme debout à g., sacrifiant sur un autel. ℞. Chien à dr., la tête baissée. — Æ².

133 **Gela**. **ϹΕΛΑΣ**. Protome de taureau nageant, à face humaine. ℞. Bige à dr. avec son conducteur ; les chevaux vont au pas et une Victoire les couronne. — Æ³. Tétradrachme. TB.

134 **ΓΕΛΑΣ**. Même sujet. ℞. de la pièce précédente, mais la Victoire couronne le conducteur du char. — Æ⁴. B.

135 Même protome de taureau, de style plus ancien ; dessous, **ϹΕΛΑΣ**. ℞. Cavalier nu et casqué, galopant à dr., le bras dr. levé. — Æ⁶.

136 **Himera**. Coq à dr. dans une bordure perlée. ℞. Carré creux divisé en huit cases. — Æ³. B.

137 Même avers. ℞. Poule à dr. dans un carré creux à bords cannelés. — Æ⁵. TB.

138 **HIMERA**] devant un coq à g. ℞. Crabe dans une aire creuse. — Æ⁶. B.

139 Quadrige au pas, à dr., le conducteur couronné par une Victoire. En exergue, **IMEPAION** rétrograde. ℞. Femme debout à g., faisant une libation sur un autel ; derrière elle, Silène devant une fontaine dont l'eau s'échappe par un masque de lion. Dans le champ, grain d'orge. — Æ⁸. B.

140 **Leontini**. **ⱢEONTINON**]. Tête laurée d'Apollon à dr. (ancien style), entre deux feuilles d'arbre ; dessous, lion courant à dr. ℞. Quadrige au pas, à dr., le conducteur couronné par une Victoire. Exergue : lion courant à dr. — Æ⁸. B.

Voir planche III.

141 Tête laurée d'Apollon, à dr. (style sévère). ℞. **ⱢEONTINON**.

Tête de lion à dr., la gueule ouverte ; autour, quatre grains d'orge. — Æ⁸. B.

Voir planche III.

142 Tête laurée d'Apollon à dr. (beau style). R̸. ꞁEONTINON. Même tête de lion entre trois grains d'orge et un poisson. — Æ⁷. B.

    Vente Léon Lacroix, n. 201.

Voir planche III.

143 **Messana (Zancle). DANKꞁE.** Dauphin à g. dans un port circulaire. R̸. Pétoncle au centre d'un carré creux à neuf cases. — Æ⁵. B.

144 Autre exemplaire, frappé sur un flan plus large. — Æ⁷. TB.

    Vente Léon Lacroix, n. 206.

145 **Messana.** Bige de mules, au pas à dr., conduit par un homme assis. Une Victoire couronne l'attelage. Exergue : feuille d'arbre. R̸. **MESSENION.** Lièvre courant à dr. **A** dans le champ. — Æ⁹. B.

146 Bige au pas, à g., le conducteur couronné par une Victoire au vol. R̸. **MEΣΣANIΩN.** Lièvre courant à g. ; dessous, aigle à g. dévorant un serpent. — Æ⁷. TB.

    Vente Smith (Londres, 1890). n. 468.

Voir planche III.

147 **Mamertini.** Tête imberbe de Mars à g. R̸. **MAMEꝒTINΩN.** Éphèbe nu, debout à g., armé d'une lance et conduisant son cheval par la bride. Ꝑ dans le champ. — B⁸. B.

148 **AꝒEOΣ.** Tête imberbe et laurée de Mars, à dr. ; derrière, un javelot. R̸. ⌐**MAMEꝒ|TINΩN.** Aigle éployée à g. sur un foudre. — B⁸. B.

149 **Naxos.** Tête de Bacchus barbu, à g., couronnée de lierre (style

très ancien). Bordure perlée. ℞. **NAXION**. Grappe de raisin et pampres. — AR^5.

Voir planche III.

150 Autre exemplaire. — AR^6.

151 Même tête à dr. (de style sévère). ℞. **NAXION**. Silène accroupi, à g., tenant à sa main dr. une coupe à deux anses. — AR^5. B.

Voir planche III.

152 Tête de Bacchus barbu, à dr., coiffé d'un large bandeau brodé d'une tige de lierre fleuri (beau style archaïque). ℞. **NAΞION**. Silène accroupi à dr., tenant un thyrse et un canthare. Cep de vigne dans le champ. — AR^5. Tétradrachme. B.

Vente François (1897), n. 20.

Voir planche III.

153 Grande tête de Bacchus barbu, à dr., couronnée de lierre (style sévère). ℞. **NAXION**. Silène accroupi à dr., tenant une coupe à deux anses. — AR^8. Tétradrachme. TB.

Voir planche III.

154 **Ségeste**. ЅЕ⟨ЕЅТАɪↀЕМɪ rétrograde. Tête de femme à dr., d'ancien style, le chignon couvrant la nuque et se relevant, le cou paré d'un collier. ℞. Chien à dr., baissant la tête. — AR^5. B.

Voir planche III.

155 Tête de femme, d'ancien style, coiffée d'une sphendoné. ℞. Chien debout à g., portant un collier. AR^5. B.

Vente François, n. 22.

Voir planche III.

156 Tête de femme à dr., le chignon caché dans une large sphendoné. ℞. Chien à dr., flairant le sol ; au second plan, un

bouquet d'épis. Exergue : [Ƨ]ECEƧTA... rétrograde. — Æ⁶.
B.

Voir planche III.

157 **Sélinonte.** Grande feuille d'ache. ℞. Carré creux à ailes de
moulin, dans une aire concave. — Æ⁶. TB.

158 **ƧEΛINO|NTI|ON** rétrograde. Bige au pas, à g., portant Apol-
lon qui tire de l'arc et Diane qui tient les guides. ℞. **ƧEΛI-
NON**... Jeune Fleuve nu, debout à g., tenant un rameau et
faisant une libation sur un autel. Devant l'aute', un coq à
g. ; derrière le sacrificateur, une feuille de vigne et une sta-
tuette de taureau à g., placée sur un cippe cannelé. — Æ⁸.
Tétradrachme. TB.

Voir planche III.

159 **ƧEΛINONTION** (les **N** rétrogrades). Hercule jeune, nu, brandissant sa massue et retenant par la corne un taureau courant
à dr. ℞. **HVѰAƧ**. Le Fleuve Hypsas, debout à g., tenant un
rameau et sacrifiant sur un autel enlacé d'un serpent. Dans
le champ, une feuille de vigne et une cigogne. — Æ⁶. B.

Voir planche III.

160 **Syracuse.** Tête d'Hercule imberbe, à g., coiffée de la peau de
lion. Devant, **ƧVPA**. ℞. Au centre d'un carré creux à quatre
cases renfermant les lettres **ƧVPA**, un poinçon circulaire,
figurant une tête de femme à g.   OR². B.

161 **ƧVPA** (l'**V** à l'envers). Tête imberbe casquée, à g. ℞. Masque
de Méduse entouré de serpents. — OR¹. TB.

Voir planche III.

162 Tête de femme à g. (beau style) ; derrière, globule. ℞. Hercule nu, agenouillé à dr. et étreignant le lion. — OR³. B.

Voir planche III.

163 ƧVPAKOƧIΩN (l'v à l'envers). Tête imberbe à g. ℞. Cheval
libre courant à dr. Exergue : |ƧY PAKOƧIΩ N]. — OR².
Rare. TB.

Vente du Chastel (1889), n. 27.

Voir planche III.

164 [ƧEY]ƧEΛEY... Tête laurée de Jupiter, à g. ℞. ƧYPAKOƧIΩN.
Pégase à g. ; dessous, trois globules. · OR². TB.

Voir planche III.

165 Tête laurée d'Apollon à g. ; dessous, Ƨ rétrograde. ℞. ƧYPA-
KOƧIΩИ. Bige au galop. à dr., le conducteur vêtu d'une
longue tunique plissée. Triquètre dans le champ. — OR³.
TB.

Voir planche IV.

166 Même tête. ℞. le même, sans symbole : en exergue, une barre.
— OR³. FDC.

Voir planche IV.

167 Tête de femme à g., coiffée d'épis. ℞. ƧYPAKOƧIΩN. Taureau
à g. — OR². B.

Voir planche III.

168 ƧYPA... Tête laurée d'Apollon à g. ; derrière, lyre. ℞. ƧΩTEIPA.
Tête de Diane à dr., le carquois sur l'épaule. — Électr.⁴. TB.

Voir planche III.

169 Tête laurée d'Apollon à g. ; derrière, couronne. ℞. ƧYPAKO-
ƧIΩN. Trépied. Dans le champ, Γ. — Électr. ⁵. B.

170 Quadrige au pas, à dr., le conducteur tenant des deux mains les
guides. Dans le haut, ƧVRAϘO-ƧION en deux lignes. Poisson
en exergue. ℞. Carré creux à quatre ailes de moulin ; au
centre, dans un creux orbiculaire, tête de femme d'ancien
style, à g. — Æ⁷. FDC.

Voir planche IV.

171 ƧVPAKOƧION. Tête de femme à dr. (ancien style), les cheveux
parés d'un rang de perles, et le cou pris dans un collier de
perles. ℞. Cavalier au pas à dr. — Æ³. FDC.

Voir planche IV.

172 Obole d'ancien style. ℞. Roue à quatre rais. Æ¹. — Autre.
℞. Poulpe. — Æ². 2 pièces.

173 Tête de femme d'ancien style, entre quatre dauphins; lég.
usuelle. ℞. Quadrige au pas, les chevaux couronnés par une
Victoire au vol. — Æ⁸.

174 Tête de femme entre trois dauphins (même style). ℞. Cavalier
au pas. — Æ⁵.

175 ƧVRAKOƧION (R et N à l'envers). Tête de femme d'ancien
style, coiffée d'un rang de perles, le chignon en forme de
bourse; quatre dauphins autour. ℞. Quadrige au pas, à dr.,
les chevaux couronnés par une Victoire. — Æ⁷. TB.

176 Mêmes types, la légende correcte; trois dauphins seulement.
℞. Cavalier au pas. — Æ⁵. B.

177 Variante, les cheveux retenus par une ténie. ℞. Bige. —
Æ⁷. Tétradrachme. B.

178 Même tête entre quatre dauphins; dans les cheveux, un rang
de perles, l'N rétrograde.   Æ⁷. TB.

Vente Billoin (1886), n. 223.

Voir planche IV.

179 Autre exemplaire. — Æ⁵.

180 ƧVPAKOƧION. Entre quatre grands dauphins, tête laurée de
femme à dr., le chignon couvrant toute la nuque. ℞. Quadrige au pas, une Victoire couronnant les chevaux. Exergue:
lion courant. — Æ⁸. Type du Damarétion. Très rare. B.

Vente Bunbury (1896), n. 431.

Voir planche IV.

181 ЅVRAKOЅ... Tête de femme (ancien style) avec un rang de perles dans les cheveux, le chignon s'écartant un peu de la nuque. Quatre dauphins autour. ℞. usuel. Exergue, *pistrix*. — Æ⁸. Tétradrachme. B.

182 ЅVPAϘOЅION. Tête de femme, les cheveux couverts d'une résille (ancien style); quatre dauphins autour. ℞. Quadrige au pas à g., le conducteur couronné par une Victoire. Exergue : ΣVPA. — Æ⁷. TB.

Vente Bunbury (1896), n. 422.

Voir planche IV.

183 Légende avec *koph*. Tête de femme (ancien style), les cheveux nattés et retombant jusqu'au bas du col. ℞. Cavalier. — Æ⁵. TB.

Voir planche IV.

184 ЅVRAKOЅ... Tête de femme (style sévère), les cheveux ondulés au-dessus du front. ℞. Quadrige au pas et Victoire. Exergue : *pistrix*. — Æ⁷. B.

185 Variante, les cheveux ceints d'une bandelette. ℞. Pas d'exergue. — Æ⁸. B.

Voir planche IV.

186 Autre, les cheveux crépus. ℞. Quadrige et Victoire à g. *Pistrix* en exergue. — Æ⁸. B.

Voir planche IV.

187 Tête de femme à g. entre deux dauphins. ℞. Quadrige au galop à dr., le conducteur couronné par une Victoire. Exergue : E entre deux dauphins affrontés. Æ⁴. B.

Voir planche IV.

188 ЅYRAKOЅION. Tête de femme, les cheveux ceints d'une bandelette qui fait quatre fois le tour de la tête. ℞. Quadrige au pas et Victoire couronnant les chevaux. — Æ⁸. TB.

Vente Lacroix, n. 258.

Voir planche IV.

189 Variante; Victoire à g. couronnant le conducteur. — Æ⁷.

190 Tête de femme, les cheveux ramenés vers le sommet de la tête et divisés au moyen de raies parallèles. Beau style. ℞. Bige galopant à g., le conducteur couronné. — Æ⁷. TB.

> Vente Hirsch, cat. XIV (1905), n. 201.

191 Autre exemplaire, varié. — Æ⁷.

> *Voir planche IV.*

192 Autre, les cheveux ceints d'une bandelette. ℞. Bige au pas; en exergue, *pistrix*. — Æ⁷.

193 Tête de femme à g., le chignon retenu par une bandelette. Derrière, **EVMHNOV**. Quatre dauphins. ℞. Quadrige au galop à g., une Victoire couronnant le conducteur. — Æ⁸.

> *Voir planche IV.*

194 Tête de femme à dr., les cheveux crépelés. **ƧVPAKOƧ** rétrograde. Quatre dauphins. ℞. Bige au galop à g., la Victoire couronnant le conducteur. — Æ⁷. TB.

> Vente Smith (juin 1905), n. 105.

> *Voir planche IV.*

195 **ƧVPAKOƧION** (**N** rétrograde). Tête de femme à g., les cheveux frisés. **EV** dans le champ; quatre dauphins. ℞. Quadrige au galop à g., la Victoire couronnant le conducteur. **EV** dans le champ. Exergue : deux poissons. — Æ⁷. TB.

> *Voir planche IV.*

196 Variante du même type, la coiffure échevelée; sans **EV**. Exergue du revers : crevette. Æ⁸. TB.

> *Voir planche IV.*

197 **ƧVPAKOƧIΩ[N]**. Tête de femme, les cheveux cachés sous un *sakkos*. Quatre dauphins autour. ℞. Bige au pas et Victoire couronnant les chevaux. Exergue : *pistrix*. — Æ⁷. B.

198 Même type, de très beau style, légende complète. ℞. Bige au
   pas, le conducteur couronné par la Victoire. — Æ⁷. TB.

   Voir planche IV.

199 Autre exemplaire, la tête plus petite. ℞. Victoire couronnant
   les chevaux du bige.   Æ⁶.

200 ΣVRAKOΣION. Tête de femme coiffée d'une sphendoné brodée de
   méandres et de perles. Dauphins autour. ℞. Quadrige au pas
   et Victoire couronnant les chevaux. -- Æ⁸. TB.

   Voir planche IV.

201 ΣVRAKOΣION. Même tête et même coiffure ; derrière, buste de
   chat à g. ℞. Le même. — Æ⁸. TB.

   Vente du Chastel (1889), n. 33.

   Voir planche V.

202 ΣYPAKOΣIΩN. Tête de femme coiffée d'un large bandeau.
   Quatre dauphins autour. ℞. Le même. — Æ. B.

   Vente Lacroix, n. 235.

   Voir planche V.

203 Autre exemplaire. — Æ⁶.

   Voir planche V.

204 ΣYPAKOΣIΩN. Tête de femme à g., les cheveux frisés au-dessus
   des tempes, le chignon pris dans une sphendoné. Quatre
   dauphins. ℞. Quadrige au galop, à dr., les roues massives.
   Dans le haut, une Victoire volant à g. vers le conducteur et
   tenant une couronne et une tablette sur laquelle on lit la signature du graveur : EYAIN-ETO. Exergue : deux dauphins affrontés. — Æ⁷. TB.

   Voir planche V.

205 Même type. ℞. Quadrige galopant à g., la Victoire couronnant
   le conducteur. Exergue : épi de blé. — Æ⁶.

   Voir planche V.

206 Même type. — Æ⁶. TB.

> *Voir planche V.*

207 Autre exemplaire, varié, avec l'épi en exergue. — Æ⁷. TB.
> Vente de Quelen (1888), n. 2415.

> *Voir planche V.*

208 Variante du même type. ℞. Exergue : épi couché. — Æ⁶.
> *Voir planche V.*

209 Tête de femme à g., les cheveux ramenés vers le sommet et retenus par une double bandelette. ℞. Le même. En exergue, dauphin à g. — Æ⁷. TB.
> Vente Lacroix, n. 240.

> *Voir planche V.*

210 Grande tête de femme à dr., le chignon enfermé dans une sphendoné, les cheveux retroussés au-dessus de la tempe. Très beau style. ℞. Quadrige galopant à g., l'un des chevaux se retournant. Victoire au vol, à dr., couronnant le conducteur. Épi de blé en exergue. — Æ⁸. Tétradrachme, probablement par *Euclide*. — *Très rare*. TB.

> *Voir planche V.*

211 Grande tête de femme à g., coiffée d'un large bandeau, le chignon dans une résille. ΣΥΡΑ[Κ]ΟΣΙΩΝ. Quatre dauphins autour. ℞. Quadrige galopant à g., le conducteur couronné par une Victoire au vol. En exergue : pièces d'armure (cuirasse, cnémides, bouclier et casque). Dessous : ΑΘΛΑ. — Æ¹². Décadrachme (par *Cimon*) du plus beau style. TB.
> Vente de Vienne (10 déc. 1906), n. 185.

> *Voir planche VI.*

212 Autre exemplaire, le bas de l'avers déformé par une cassure du coin. ℞. Sous les pièces d'armure : |Α]ΘΛ|Α]. — Æ¹¹. TB.
> Vente d'un *late Collector* (1900), n. 153.

> *Voir planche VI.*

213 Grande tête de femme à g., coiffée d'épis. **ΣΥΡΑΚ**... Quatre
dauphins autour; en exergue, **EYAIN** (signature du graveur
Evénète). ℞. des pièces précédentes (sans le mot ἄθλα). —
Æ[11]. TB.

Vente Ponton d'Amécourt, n. 58.

Voir planche VI.

214 Variante, sans la signature d'artiste. — Æ[10]. TB.

Voir planche VI.

215 Autre exemplaire. — Æ[10].

Voir planche VI.

216 Tête de femme à dr., avec collier et pendant d'oreille, les cheveux ramenés en arrière et noués au sommet. **ΣΥΡΑ**...
Quatre dauphins autour. ℞. Quadrige galopant à g., le
conducteur couronné par une Victoire. Exergue : épi de blé.
— Æ[7]. TB.

Vente Rome (1903), n. 102.

Voir planche V.

217 Autre exemplaire, la tête sans les bijoux. — Æ[7]. B.

Voir planche V.

218 Tête d'Aréthuse à g., coiffée d'épis, entre trois dauphins. Très
beau style. ℞. Quadrige galopant à g. Dans le haut, tri-
quètre; en exergue, **ΣΥΡΑΚΟΣΙΩ|Ν** et un monogramme.
— Æ[6]. TB.

Vente His de la Salle (1877), n. 239.

Voir planche V.

219 Tête de femme, de face, les cheveux épars, le cou pris dans un
collier. ℞. Quadrige galopant à g., le conducteur couronné
par une Victoire volant debout. Exergue, épi couché. — Æ[7].
Très rare. TB.

Vente Yorke Moore (1889), n. 129.

Voir planche V.

220 Tête de Minerve, de face, le casque à triple aigrette. Dauphins autour. ℞. **ΣΥΡΑΚΟΣΙΩ[Ν]**. Éphèbe (*Leucaspis*) allant à dr., nu, casqué, armé d'une lance et d'un bouclier. Derrière lui, un autel ; devant, un bélier sacrifié. — Æ^4. B.

221 Autre exemplaire, plus complet. ℞. **ΣΥΡΑΚΟΣ**... et en exergue : **[ΛΕ]ΥΚΑΣΠ[ΙΣ]**. — Æ^4. TB.

Voir planche V.

222 Même avers. ℞. Jeune cavalier au pas à dr. — Æ^2. B.

223 **ΣΥΡΑΚΟΣΙΩΝ**. Double tête imberbe, laurée et coiffée d'un boisseau ; à dr., deux dauphins. ℞. Cheval libre courant à dr. — Æ^2. TB.

Voir planche V.

224 **ΣΥΡΑΚΟ**... Tête de femme à g. ; derrière, un dauphin. ℞. Poulpe. — Æ^2. B.

225 Tête de Minerve à g., coiffée d'un casque corinthien, l'égide au cou. ℞. **[Σ]ΥΡΑΚΟΣΙΩΝ**. Foudre ailé ; dessous, **ΞΑ**. — Æ^5. TB.

Voir planche V.

226 Même tête ; derrière, un monogramme. ℞. **ΣΥΡΑΚΟΣΙΩΝ**. Diane chasseresse debout à g., tirant de l'arc ; près d'elle, un chien de chasse. **ΣΩ** dans le champ. — Æ^6.

227 **ΣΥΡΑΚΟΣΙΩΝ**. Tête casquée de Minerve, à dr. ; derrière. **ΑΙ**. ℞. Pégase corinthien à g. — Æ^6. TB.

Voir planche V.

228 Tête de Kora à g., coiffée de blé ; derrière, une abeille. ℞. Quadrige galopant à g. Au ciel, un astre. Exergue : **ΣΥΡΑ-ΚΟΣΙΩΝ**. — Æ^7. FDC.

Voir planche VI.

229 **ΣΥΡΑ**... Tête casquée de Minerve, à g. ℞. Astre entre deux dauphins. — B^5, flan épais, patine verte.

230 Même avers, le casque lauré. ℞. Hippocampe (ancien style) nageant à g. — B⁴, patine verte. TB.

231 **ΣΥΡΑΚΟΣΙΩΝ**. Tête barbue et casquée, à g. ℞. Pégase à g.; dessous, dauphin et **Σ**. — B⁷, flan épais. B.

232 **ΙΕΥΣ ΕΛΕΥΘΕΡΙ[ΟΣ]**. Tête laurée de Jupiter, à g. ℞. **ΣΥΡΑΚΟΣΙΟΝ**. Cheval libre courant à g. — B⁸, flan épais. B.

233 Même légende. Même tête à dr. ℞. Lég. fruste. Foudre et aigle. — B⁵, flan épais. TB.

234 **ΣΥΡΑΚΟΣΙΩΝ**. Tête d'Aréthuse à g. ℞. Taureau cornupète à g., deux dauphins et **NK**. — B⁶.

235 ....**ΣΙΩΝ**. Tête d'Hercule jeune, à g. ℞. Minerve *promachos* debout à dr. — B⁶. TB.

236 Tête laurée d'Apollon, à g. ℞. **ΣΥΡΑΚ**. Aigle éployé à g. sur le foudre. — B⁵, patine verte. TB.

237 Tête de Kora à dr.; lég. fruste. ℞. Bige galopant à dr. Exergue: **ΓΧ**. — B⁶. TB.

Vente Billoin (1886), n. 240.

Voir planche VI.

238 **ΣΥΡΑΚΟΣΙΩΝ**. Tête de Kora à dr.; derrière, épi. ℞. Bige galopant à dr. Symbole, foudre. — B⁵. TB.

Voir planche V.

239 **ΔΙΟΣ ΕΛΛΑΝΙΟΥ**. Tête imberbe laurée, à g. ℞. **ΣΥΡΑΚΟΣΙΩΝ**. Aigle à g. sur le foudre. — B⁶.

240 **ΣΥΡΑΚΟΣΙΩΝ**. Tête de femme à g. ℞. Taureau cornupète à g. Dans le haut, **NI**. — B⁴. TB.

241 Tête de femme à g.; derrière, une pousse d'olivier. ℞. **ΣΥΡΑ**. Dauphin et pétoncle. — B³. TB.

242 **Tauromenium**. **ΑΡΧΑΓΕΤΑ**. Tête laurée d'Apollon à g. ℞.

TAYPOMENITAN. Taureau à face humaine, debout à g. — B⁷, flan épais. TB.

243 **Monnaies punico-siciliotes.** *Motya*. Tête de femme à dr. (imitation des pièces de Syracuse de style sévère); devant, légende punique ; derrière, feuille cordiforme. ℞. Chien à dr., dévorant une tête de cerf. Dans le haut, une petite tête à dr. — Æ⁵. B.

Voir planche VI.

244 *Héraclée Minoa*. Tête d'Aréthuse entre trois dauphins. ℞. Quadrige galopant à dr., une Victoire couronnant le conducteur. En exergue, légende punique. — Æ⁷. TB.

Voir planche VI.

245 *Panorme*. Tête de femme à dr., une ténie au front ; de chaque côté, un dauphin. ℞. Quadrige galopant à g., le conducteur couronné par une Victoire. En exergue, lég. punique : צצ. — Æ⁶. B.

Voir planche VI.

ROIS DE SICILE

246 **Agathocle.** Tête casquée de Pallas. ℞. ΑΓΑΘΟΚΛΕΟΣ ΒΑΣΙ-ΛΕΟΣ. Foudre ailé. Monogramme dans le haut. — Or³. FDC.

Vente Montagu (1896), n. 167.

Voir planche VI.

247 **ΚΟΡΑΣ.** Tête de Kora à dr., coiffée d'épis. ℞. ΑΓΑΘΟΚΛΕΙΟΣ. Victoire debout à dr., érigeant un trophée. Triquètre dans le champ. — Æ⁷. TB.

Voir planche VI.

248 [ΣΩΤ]ΕΙΡΑ. Buste de Diane, à dr., le carquois sur l'épaule. ℞. ΑΓΑΘΟΚΛΕΟΣ ΒΑΣΙΛΕΟΣ. Foudre ailé. — B⁶. B.

249 **Hicetas.** ΣΥΡΑΚΟΣΙΩΝ. Tête d'Aréthuse à g., coiffée d'épis ; derrière, corne d'abondance. ℞. Victoire conduisant un bige au galop à dr. Exergue : ΕΠΙ ΙΚΕΤΑ. — Or³. FDC.

Voir planche VI.

250 **Hiéron II.** Tête de Kora à g., coiffée d'épis ; derrière, épi. ℞. Bige au galop à g. Exergue : ΙΕΡΩΝΟΣ. — Très beau style. Or³. FDC.

Voir planche VII.

251 Tête diadémée du roi, à g. ℞. Cavalier galopant à dr. **N** dans le champ. Exergue : ΙΕΡΩΝΟΣ. — B⁵.

252 Autre exemplaire ; **Σ** dans le champ.

253 Tête diadémée de Neptune à g. ℞. ΙΕΡΩΝΟΣ. Trident ornementé entre deux dauphins. — B⁵. TB.

254 Autre exemplaire.

255 **Philistis.** Tête de la reine à g., voilée et diadémée ; derrière, épi de blé. ℞. ΒΑΣΙΛΙΣΣΑΣ ΦΙΛΙΣΤΙΔΟΣ. Victoire conduisant un quadrige au galop à dr. Épi dans le champ. ℞⁸. TB.

Vente de Quélen, n. 2418.

Voir planche VII.

256 Même avers. ℞. Même légende. Victoire conduisant un bige au galop à g. **E** dans le champ. — ℞¹. TB.

Vente dell' Erba (1900), n. 209.

Voir planche VII.

257 **Gélon.** Tête diadémée à g. ; derrière, corne d'abondance. ℞. ΣΥΡΑΚΟΣΙΟΙ et ΓΕΛΩΝΟΣ. Bige de la Victoire, au pas à dr. **BA** dans le champ. — ℞¹. FDC.

Vente d'un *late collector* (1900), n. 167.

Voir planche VII.

258 Même tête. R̞. Même légende. Aigle à dr. sur le foudre. **BA**
et **K** dans le champ. — Æ³. TB.

Voir planche VII.

259 **ΣΥΡΑΚΟΣΙΩΝ**. Tête diadémée à g. R̞. Lion à dr. ; dessus,
massue ; en exergue, **K**. — B⁵. B.

260 **Hieronymus**. Tête diadémée du roi, à g. R̞. **ΒΑΣΙΛΕΟΣ
ΙΕΡΩΝΥΜΟΥ**. Foudre ailé ; **MI** dans le champ. — Æ⁵.
TB.

Voir planche VII.

261 Autre exemplaire.

262 Même tête. R̞. Le même. **ΑΠ** dans le champ. — B⁶.

CHERSONÈSE TAURIQUE

263 **Panticapée**. Tête de Pan à g., couronnée de lierre. R̞. **ΠΑΝ**·
Griffon à g. sur un épi et portant une flèche dans sa gueule.
— Or⁵. TB.

Vente Montagu (1897), n. 167.

Voir planche VII.

264 Tête de Pan, presque de face. R̞. **ΠΑΝ**. Tête de taureau à g.
— Æ⁴. B.

Voir planche VII.

265 Masque de lion d'ancien style. R̞. Carré creux orné de deux
étoiles. Æ².

Vente Prowe (1903), n. 344.

266 Tête de Pan à g., couronnée de lierre. R̞. **ΠΑΝΤΙ**. Arc et
flèche. — B⁶.

267 Même tête, imberbe. R̞. **ΠΑΝ**. Tête de lion à g., la gueule
béante ; dessous, un thon. — B¹.

SARMATIE

268 **Olbia**. Grand masque de Méduse, la langue pendante. ℞.
APIX… Mouette volant à g. — B¹⁸. Patine verte rugueuse.

269 Petit dauphin à g., découpé. ℞. lisse, avec la lettre Ө en relief.

MÉSIE

270 **Istrus**. Deux masques imberbes juxtaposés en sens inverse. ℞.
ΙΣΤΡΙΗ. Aigle à g. sur un dauphin; dessous, **A**. — Æ⁴. B.

THRACE

271 **Abdera**. Griffon d'ancien style, assis à g., la patte dr. levée;
canthare dans le champ. ℞. Dans un carré creux : **EΠI
ΣΜΟΡΔΟΤΟΡΜΟ**… autour d'un quadrilatère à quatre
cases. — Æ⁷.

Vente Prowe (1901), n. 158.

Voir planche VII.

272 **EΠI EYPHΣIΠΠOY**. Tête laurée d'Apollon. ℞. **AB ΔHP I-
TEΩN**. Griffon couché à g. — Æ⁵.

273 **E ΓI EKATΩ**… autour d'un carré renfermant une petite tête
d'Apollon. ℞. **ABΔH**… Griffon couché à g. — Æ⁴.

274 **Aenus**. Tête de Mercure, de face, coiffé d'un pétase à bords
perlés. ℞. **AINION**. Bouc à g.; devant, cnémide. — Æ⁷.
TB.

Voir planche VII.

275 Même tête à dr. ℞. Dans une aire creuse : **AIN I**. Bouc à
dr.; devant, sur un siège orné d'une couronne de feuilles,

un petit terme de Mercure d'ancien style, tenant son caducée. — $\mathcal{R}^6$. TB.

Vente Billoin (1886), n. 288.

Voir planche VII.

276 **Byzance.** ΓΥ. Taureau à g. sur un dauphin. ℞. Carré creux à ailes de moulin. — $\mathcal{R}^4$.

276ª Même avers, avec bordure perlée. ℞. le même. — Obole. $\mathcal{R}^4$.

277 **Dicaea.** Tête d'Hercule (d'ancien style), coiffée de la peau de lion. ℞. Carré creux à quatre cases. — $\mathcal{R}^4$. B.

Voir planche VII.

278 **Maronée.** Tête de Bacchus à dr., couronnée de lierre en fleur. ℞. ΔΙΟΝΥΣΟΥ ΣΩΤΗΡΟΣ. Bacchus jeune, nu, debout à g., tenant deux lances, une nébride et une grappe de raisin. Dessous, ΜΑΡΩΝΙΤΩΝ. Deux monogrammes. — $\mathcal{R}^9$. TB.

CHERSONÈSE DE THRACE

279 Moitié antérieure de lion couché à dr., la tête retournée en arrière. ℞. Deux aires creuses triangulaires : abeille et monogramme. — $\mathcal{R}^5$.

280 **Lysimachia.** Tête d'Hercule jeune, coiffée de la peau de lion. ℞. ΛΥΣΙΜΑΧ... Victoire debout. — B^7.

ILES DE THRACE

281 **Thasos.** Satyre agenouillé à dr., tenant une nymphe dans ses bras. Très ancien style. ℞. Carré creux. — $\mathcal{R}^5$. B.

282 Même sujet. ℞. Carré creux granulé, à ailes de moulin. — $\mathcal{R}^5$. TB.

Voir planche VII.

283 Tête barbue de Bacchus, couronnée de lierre, à g. ℞. Dans
une aire creuse : **ΘΑΣΙΟΝ**. Hercule agenouillé à dr., tirant
de l'arc. Lyre dans le champ. — Æ². B.

Vente d'un *well known* amateur (Londres, 2 mai 1905), n. 241.

Voir planche VII.

284 Satyre d'ancien style, agenouillé à g. et tenant un canthare.
℞. **ΘΑΣΙ ΩΝ**. Amphore à vin. — Æ².

285 Tête de Bacchus jeune, à dr., diadémée et couronnée de lierre
en fleur. ℞. **ΗΡΑΚΛΕΟΥΣ ΣΩΤΗΡΟΣ**. Hercule jeune,
debout à g., appuyé sur sa massue. Dessous, **ΘΑΣΙΩΝ**.
Monogramme dans le champ. — Æ¹⁰. Beau style et conser-
vation exceptionnelle.

Vente anonyme (Paris, 1890), n. 9.

Voir planche VII.

286 Autre exemplaire.

ROIS DE THRACE

287 **Lysimaque.** Tête diadémée d'Alexandre-le-Grand, avec corne
de bélier à la tempe. ℞. **ΒΑΣΙΛΕΩΣ ΛΥΣΙΜΑΧΟΥ**. Minerve
nicéphore assise à g. et s'accoudant à son bouclier. **ΑΙ** dans
le champ. — Or¹. FDC.

Voir planche VII.

288 Autre exemplaire. ℞. Masque de lion sur le bouclier ; thyrse
dans le champ. — Fabrique barbare.

289 Tétradrachme au même type. ℞. Deux monogrammes dans le
champ. — Æ⁹. TB.

Voir planche VII.

290 Autre exemplaire. TB.

Vente Billoin (1886), n. 307.

ROIS DE PÉONIE

291 **Patraüs.** Tête laurée d'Apollon. ℞. ΓΑΤΡΑΟΥ. Cavalier à dr.,
portant un coup de lance à un soldat macédonien renversé.
Grappe de raisin dans le champ. — Æ⁷. TB.

Voir planche VII.

292 **Audoleon.** Buste de Minerve, de face, le casque à trois aigrettes.
℞. ΑΥΔΩΛΕΟΝΤΟΣ. Cheval libre, au pas à dr. Dans le
champ, I et un monogramme dégénéré. — Æ⁶. TB.

293 Mêmes types et légende. — Æ³. TB.

ILLYRIE

294 **Dyrrhachium.** Vache à dr. allaitant son veau ; dessus, Σ. ℞.
Δ[Υ]Ρ rétrograde. Deux foudres encadrés. En exergue,
massue. — Æ⁵. B.

MACÉDOINE

295 Tête de Bacchante couronnée de grappes de raisin et de
pampres. ℞. ΜΑΚΕΔΟΝΩΝ. Proue de vaisseau. M dans le
champ. — Æ³. TB.

296 Au milieu d'un bouclier : MA-KE séparés par une massue. ℞.
Casque macédonien, étoile et monogrammes. — Æ³. TB.

297 Bouclier macédonien orné. ℞. [M]ΑΚΕΔΟΝΩΝ. Proue ; M
dans le champ. — Æ³. TB.

298 Buste de Diane, drapé et diadémé, le carquois sur l'épaule, au
centre d'un bouclier macédonien. Beau style. ℞. Dans une
couronne de chêne : ΜΑΚΕΔΟΝΩΝ ΠΡΩΤΗΣ. Massue cou-

chée. Trois monogrammes et un foudre dans le champ. —
ÆR⁹. TB.

299 Même avers, d'un style plus gracieux. ℞. Dans une couronne
de chêne : **LEG MAKEΔONΩN**. Massue couchée et main
droite tenant un rameau. — ÆR⁹. TB.

Vente Charvet (1903), n. 96.

Voir planche VII.

300 |**MAKEΔ|ONΩN**. Tête d'Alexandre aux longs cheveux bouclés.
℞. Dans une couronne de laurier : **AESILLAS Q**. Massue,
ciste et siège de questeur. — ÆR⁹. TB.

301 Tête de Silène, de face, couronnée de lierre (style sévère). ℞.
D MAKEΔONΩN dans une couronne de lierre. — B⁹. TB.

302 **Acanthe.** Lion à dr., dévorant un taureau couché (style très
ancien). Θ dans le champ; en exergue, bucrane. ℞. Carré
creux divisé en quatre cases. — ÆR⁹. TB.

Voir planche VIII.

303 Même sujet (style sévère); **ΔH** dans le champ; en exergue, cep
de vigne. ℞. Dans un carré creux : **AKANΘION** autour d'un
carré à quatre compartiments granulés. — ÆR⁵. TB.

Vente Rattier, n. 8.

Voir planche VIII.

304 **Amphipolis.** Tête laurée d'Apollon, de face (très beau style).
℞. **AMΦIΠOΛITEΩN** sur la bordure d'un carré creux; au
centre, flambeau de course et cigale. — ÆR⁸. Très rare.
FDC.

Voir planche VIII.

305 **Bisaltes.** Éphèbe nu, coiffé de la *causia*, armé de deux lances
et se tenant debout derrière un cheval à dr. ℞. Carré creux
à quatre cases. — ÆR⁹. Octodrachme. Sur l'avers, une forte
entaille. Poids : 25 gr. 20. — Très rare.

Voir planche VIII.

306 **Chalcidique.** Tête laurée d'Apollon à dr. (beau style). ℞.
XAΛKIΔEΩN. Lyre à sept cordes. — Æ7. TB.

> Vente Billoin (1886), n. 334.

> *Voir planche VIII.*

307 Même tête à g. ℞. le même. — Æ7. TB.

> Vente de Paris (22 mai 1908), n. 239.

> *Voir planche VIII.*

308 **Eion.** Cygne à dr., le col tourné en arrière; dessus, lézard. ℞.
Carré creux. — Æ², 2 pièces.

309 **Lete.** Satyre à jambes de cheval, debout à dr., suivant une
nymphe (très ancien style). Globule dans le champ. ℞.
Carré creux à quatre cases. — Æ⁶. TB.

310 Satyre à jambes de cheval, accroupi à dr. Deux globules dans
le champ, ℞. Carré creux divisé en quatre triangles. —
Æ¹.

311 **Neapolis.** Masque de Méduse de très ancien style, la bouche
grimaçante et la langue pendante. ℞. Carré creux à quatre
cases. — Æ⁴. B.

> Vente Bompois, n. 731.

> *Voir planche IX.*

312 **Orrhescii.** Éphèbe nu, conduisant deux taureaux à dr. ℞.
Carré creux à quatre cases. — Æ¹⁰. Décadrachme. Poids :
36 gr. 30. Très rare.

> *Voir planche VIII.*

313 Centaure à dr., enlevant une femme (style très ancien). ℞.
Carré creux à quatre cases. — Æ⁵. FDC.

> Vente de Londres (11 février 1889), n. 54.

> *Voir planche VIII.*

314 **Orthagoria.** Tête de Diane à dr., le carquois sur l'épaule. ℞.

ΟΡΘΑΓΟΡΕΩΝ. Casque macédonien; dessus, étoile; dessous, **H**. — Æ⁶.

315 Même tête, de face. ℞. le même, sans lettre monétaire. — Æ⁴.

316 **Philippi**. Tête d'Hercule jeune, à dr., coiffée de la peau de lion. ℞. **ΦΙΛΙΡΡΩΝ**. Trépied; à dr., tête de cheval. Or⁵, FDC.
Voir planche VIII.

317 **Ville incertaine**. Jeune dieu ailé, nu, agenouillé à dr., le bras g. levé, l'autre sur la hanche; ses ailes, horizontales, sont attachées à la ceinture. Très ancien style. ℞. Carré creux à quatre cases. — Æ⁴. Très rare. TB.
Voir planche VIII.

ROIS DE MACÉDOINE

318 **Archelaus I**ᵉʳ. Tête d'éphèbe à dr., coiffée d'une bandelette. ℞. Dans un carré creux : **ΑΡΧΕΛΑΟ**. Cheval au pas, à dr. — Æ⁶. B.
Voir planche VIII.

319 **Amyntas III**. Tête d'Hercule, barbue et coiffée de la peau de lion. ℞. Dans un carré creux : **ΑΜΥΝΤΑ**. Cheval au repos, à dr. — Æ⁵. B.

320 **Philippe II**. Tête laurée d'Apollon. ℞. Bige galopant à dr., le conducteur assis. Canthare dans le champ. Exergue : **ΦΙΛΙΡ-ΡΟΥ**. — Or⁴, double statère, de fabrique pannonienne. TB.
Voir planche VIII.

321 Même tête, de beau style grec. ℞. Bige au galop à dr., le conducteur debout. Dans le champ, petite tête de face et **ΑΡ** liés. Exergue, **ΦΙΛΙΡΡΟΥ**. — Or⁴. FDC.
Voir planche VIII.

322 Autre exemplaire; foudre dans le champ. — B.

323 Autre; abeille dans le champ. — TB.

Vente Dugniolle (1885), n. 95.

Voir planche VIII.

324 Tête laurée de Jupiter. ℞. **ΦΙΛΙΠΠΟΥ**. Cavalier au pas, à dr., nu, coiffé d'une bandelette de vainqueur dans les jeux et portant une palme à la main dr. Foudre dans le champ, **N** en exergue. — Æ⁷. TB.

325 Autre exemplaire, avec un *koph* dans le champ du revers. — Æ⁶.

326 Autre. ℞. **TE** liés et **Λ** dans le champ. — Æ⁶.

Vente Montigny (1880), n. 153.

327 Buste de Diane, de face, le carquois sur l'épaule. ℞. le même; dans le champ, protome de griffon à dr. — Æ⁵. Rare.

Voir planche VIII.

328 **Alexandre III le Grand.** Tête de Minerve à dr., avec collier de perles, le casque orné d'un serpent. ℞. **ΑΛΕΞΑΝΔΡΟΥ**. Victoire à g., tenant une couronne et un mât. Canthare dans le champ. — Or⁵, double statère. TB.

Vente Montagu (1897), n. 115.

Voir planche VIII.

329 Mêmes types, avec **ΑΛΕΞΑΝΔΡΟΥ ΒΑΣΙΛΕΩΣ**. Dans le champ, deux monogrammes, dont l'un dans une couronne de laurier. — Or⁴. FDC.

Vente Montigny, n. 154.

Voir planche VIII.

330 Tête du roi, à g. ℞. **ΑΛΕΞΑΝ-ΔΡΟV** sur deux lignes. Lion à dr. Fabrique barbare. — Or².

331 Tête d'Hercule jeune, couverte de la peau de lion. ₰. ΑΛΕΞΑΝ-
ΔΡΟΥ. Jupiter aétophore, assis à g. sur un trône. Étoile, **M**
et monogramme dans le champ. — Æ⁸. B.

332 Autre. ₰. **E** sous le trône, **ΛT** et le flambeau d'Amphipolis
dans le champ. — Æ⁷. TB.

333 Autre, avec **ΔΙΟ** sous le trône et la rose de Rhodes dans le
champ. — Æ⁸. TB.

Vente Paravey, n. 145.

334 Autre; grappe de raisin et monogramme dans le champ. —
Æ⁹. TB.

335 **ΑΛΕΞΑΝΔΡΟΥ**. Tête diadémée du roi, à dr. ₰. **KOINON
ΜΑΚΕΔΟΝΩΝ ΔΙC ΝΕΩ**. Ciste mystique.   B⁸, patine
verte. TB.

336 Mêmes tête et lég. ₰. Même lég. avec **B ΝΕΩΚ**. Alexandre
debout à dr., domptant Bucéphale. — B⁷.

337 **Cassandre**. Tête d'Hercule jeune, coiffée de la peau de lion.
₰. **ΒΑΣΙΛΕΩΣ ΚΑΣΣΑΝΔΡΟΥ**. Jeune cavalier au pas à dr.
Dans le champ, étoile, **ΤΙ** liés et **T**. — B⁷. Patine noire. TB.

338 **Demetrius Poliorcète**. Debout, à g., sur une proue de navire,
Victoire tenant un mât et sonnant de la trompette. ₰.
ΔΗΜΗΤΡΙΟΥ ΒΑΣΙΛΕΩΣ. Neptune nu, debout à g. et
brandissant son trident. **HP** liés et **I** dans le champ. — Æ⁸.
TB.

Vente Charvet (1903), n. 115.

Voir planche IX.

339 Autre exemplaire, le monogramme varié.   Æ⁷.

Vente Lacroix, n. 397.

340 Mêmes types et lég. Dans le champ, **Λ** et **ON** en monogramme.
— Æ⁷. B.

Vente Billoin (1886), n. 380.

341 Tête diadémée du roi, à dr. ℞. ΒΑΣΙΛΕΩΣ ΔΗΜΗΤΡΙΟΥ.
Neptune nu, debout à g., appuyé sur un trident et posant
le pied droit sur un rocher. Deux monogrammes. — Æ⁹.

    Même vente, n. 382.

342 Autre exemplaire, avec K et une grappe de raisin dans le
champ. — Æ⁸. TB.

343 **Antigone Gonatas.** Tête de Neptune, couronnée de roseaux.
℞. Apollon nu, assis à g. sur une proue de navire et tenant
un arc. Lég. écrite sur la proue : ΒΑΣΙΛΕΩΣ ΑΝΤΙΓΟΝΟΥ ;
dans le bas, monogramme. Æ⁹. B.

    Voir planche VIII.

344 Au centre d'un bouclier macédonien : tête imberbe de Pan, à
g., le pedum sur l'épaule. ℞. ΒΑΣΙΛΕΩΣ ΑΝΤΙΓΟΝΟΥ.
Minerve promachos debout à g., brandissant le foudre. Dans
le champ, casque macédonien et monogramme. — Æ⁹.

    Vente Bunbury, n. 820.

    Voir planche VIII.

345 Autre exemplaire, monogramme varié. — Æ⁹. B.

346 **Philippe V.** Au centre d'un bouclier macédonien : tête de
Persée à g., la *harpé* sur l'épaule. ℞. Dans une couronne
de lierre : ΒΑΣΙΛΕΩΣ ΦΙΛΙΠΠΟΥ. Massue droite. Exergue,
Σ. — Æ⁹. TB.

    Vente Toché, n. 101.

    Voir planche IX.

347 Tête diadémée du roi, à dr. ℞. de la pièce précédente. Trois
monogrammes dans le champ. — Æ⁵. B.

    Voir planche VIII.

348 Tête de Persée, à dr. ℞. BA ΦΙ. Aigle sur un soc de charrue.
— B⁵. B.

349 **Persée.** Tête diadémée du roi, à dr. ℞. Dans une couronne

de chêne : **ΒΑΣΙΛΕΩΣ ΠΕΡΣΕΩΣ**. Aigle éployé à dr. sur le foudre. **ΜΙ** et **Φ** et monogramme dans le champ. — R⁶. TB.

Vente Billoin (1886), n. 387.

Voir planche IX.

THESSALIE

350 Tête laurée de Jupiter. R⁄. **ΘΕΣΣΑΛΩΝ**. Minerve debout à dr., brandissant sa lance. Dans le haut, **ΜΕΝΕΚΡΑΤΟΥ**; exergue, **|Α|ΛΕΞΑΝΔΡ…** Autre, avec **|Π|ΑΥΣΑΝΙΑΣ** et **ΔΙΟΔΩΡΟΣ**. — R⁶ et R⁵, 2 pièces.

351 Tête laurée d'Apollon; derrière, **ΟΛΚΑΝΑ** (?). R⁄. des pièces précédentes, avec **ΠΟΛΥ** et une grappe de raisin dans le champ. — R⁴.

352 Mêmes types. — PBr.

353 **Aenianes.** Tête de Minerve, à dr., le casque orné de bustes de chevaux. R⁄. **ΑΙΝΙΑΝΩΝ ΜΕΝΕΔΑΜΟΣ**. Frondeur nu, debout à g.; près de lui, deux javelots. — R⁶. B.

354 **Larissa.** Tête de femme à g., coiffée d'une sphendoné. R⁄. **ΛΑΡΙΣΑΙ**. Cheval bridé courant à dr. — R⁴. TB.

355 Éphèbe courant à g. et saisissant un taureau par les cornes; sa chlamyde et son pétase flottent au vent. R⁄. Dans une aire creuse : **ΛΑΡΙΣΑΙ**. Même cheval. — R⁵. B.

Vente Photiadès-Pacha, n. 79.

356 Tête de femme aux cheveux bouclés, de face. R⁄. **ΛΑΡΙΣΑΙΩΝ**. Cheval à dr., s'apprêtant à se coucher. — R⁵. B.

357 **Œtéens.** Tête de lion à g. R⁄. **ΟΙΤΑΩΝ** rétrograde. Hercule nu, de face, tenant une longue massue. — R⁵. B.

Vente Photiadès Pacha, n. 129.

358 **Perrhébiens.** Tête voilée de femme, de face. ℞. ΠΕΡΡΑΙΒΩΝ.
Jupiter nu, debout à g., s'appuyant sur un sceptre et tenant
le foudre. — B⁶. Très rare. TB.

    Même vente, n. 141.

Voir planche IX.

ÉPIRE

359 Tête laurée de Jupiter, à g. ℞. Dans une couronne de feuilles :
ΑΠΕΙ-ΡΩΤΑΝ. Foudre. — B⁵. B.

360 **Ambracia.** Tête de Dioné, à g., voilée et laurée. ℞. Dans
une couronne de feuilles : AM. Obélisque paré de bandelettes. — Æ⁴. B.

361 Tête casquée de Minerve, à dr., derrière, A. ℞. Pégase corinthien à dr.; dessous, A. — Æ⁵.

ROIS D'ÉPIRE

362 **Pyrrhus.** Tête de Minerve à dr., du plus beau style, le casque
orné d'un griffon courant à dr. Dessous, A ; derrière, chouette
éployée. ℞. ΠΥΡΡΟΥ ΒΑΣΙΛΕΩΣ. Victoire à g., portant
un trophée et une couronne de chêne. Bucrâne dans le champ.
— Or⁵. Statère. FDC.

    Vente d'un *late collector* (1900), n. 262.

Voir planche IX.

363 Buste de Diane, à dr. (même style), le carquois sur l'épaule.
℞. Variante de la pièce précédente. Γ, foudre et croissant
dans le champ. Or⁵. Demi-statère. FDC.

Voir planche IX.

364 Tête imberbe casquée (d'Achille), à g., le casque orné d'un

griffon courant à g. Dessous, **A**. ℞. **ΒΑΣΙΛΕΙΩΣ|ΓΥΡΡΟ|Υ|**.
Thétis voilée, assise à g. sur un cheval marin et tenant un
bouclier (*épisème* : masque de Méduse). — Æ⁰. Très rare.
TB.

Voir planche IX.

365 Tête de Kora, couronnée d'épis; derrière, foudre. ℞. **ΒΑΣΙ-
ΛΕΩΣ ΓΥΡΡΟΥ**. Minerve promachos, debout à g., brandissant une lance. Dans le champ, **E** et foudre. — Æ³. TB.

<blockquote>Vente Rattier (1891), n. 11.</blockquote>

Voir planche IX.

366 Même tête; derrière, pétoncle. ℞. **ΒΑΣΙΛΕΩΣ ΓΥΡΡΟ|Υ|**.
Déesse assise à dr. sur son trône et tenant un épi de blé.
B³. TB.

Voir planche IX.

ILES D'ÉPIRE

367 **Corcyre**. Vache à g., allaitant son veau. ℞. Carré creux à
deux cases renfermant chacune un dessin floral. — Æ³. B.

ACARNANIE

368 **ΛΥΚΟΥΡΓΟΣ**. Tête de taureau à face humaine imberbe (Aché-
loüs) à dr. ℞. **AKA**... Apollon assis à g. sur un siège ornementé et tenant son arc. Dans le champ, **AP** liés. — Æ⁷.

369 Tête casquée de Pallas à g. ℞. Tête de taureau à face humaine
barbue, à g. — B³.

370 **Leucas**. Pégase d'ancien style, à g., ; dessous, **A**. Dans un carré
creux, tête casquée de Pallas à dr., à long chignon. Æ¹.

371 Dans une couronne de feuilles : statue de Diane à dr., vêtue
d'une tunique talaire et tenant un aplustre ; à ses pieds, un

cerf; derrière, un sceptre surmonté d'un oiseau. ℞. [ΛΕΥΚΑ-
ΔΙΩΝ ΒΑΘΥΟΣ. Proue de navire. Monogramme à dr. —
Æ⁶.

ÉTOLIE

372 Tête de Minerve, à dr., le casque orné d'un serpent. ℞. ΑΙΤΩ-
ΛΩΝ. L'Étolie assise à dr., sur un monceau de boucliers
gaulois; coiffée d'un pétase, elle s'appuie sur une lance et
tient dans sa main g. une Victoire qui couronne une figurine de guerrier étolien. Dans le champ, deux monogrammes.
— Or⁴. TB.

Voir planche IX.

373 Tête d'homme imberbe, à dr., diadémée (*Antiochus III, roi de
Syrie*). Dessous, ΦΙ. ℞. ΑΙΤΩΛΩΝ. Guerrier étolien, debout
à g., armé d'une lance et d'un parazonium, le pied dr. posé
sur une pierre. Monogramme dans le champ. — Æ⁶.

Vente dell' Erba (1900), n. 238.

374 Tête de l'Étolie, à dr., coiffée d'un pétase. ℞. ΑΙΤΩΛΩΝ.
Sanglier de Calydon, courant à dr. Deux monogrammes et
un fer de lance. — Æ³. FDC.

Voir planche IX.

375 Variante de la même.

LOCRIENS

376 **Oponte**. Tête de Cérès coiffée d'épis et parée de pendants
d'oreilles. Beau style. ℞. ΟΡΟΝΤΙΩΝ rétrograde. Ajax de
Locres, debout à dr., en posture de combat; il est nu, casqué, armé d'une épée et d'un bouclier, dont la face interne
a pour ornement un griffon courant à dr. Dans le champ,
une lance brisée. — Æ⁷. TB.

Voir planche IX.

377 Mêmes types ; sur le bouclier, un serpent ; dans le champ du
revers, un canthare. — Æ³.

PHOCIDE

378 Tête de taureau, de face. Ŗ. Dans un carré creux : **ΦΟΚΙ**.
Tête de femme d'ancien style, parée d'un collier. — .R⁵.

    Vente Billoin (1886), n. 415

379 **Delphes**. Tête de bélier à dr. Ŗ. Dans un carré creux : tête
de bouquetin, de face, entre deux dauphins. — .R⁵.

    Même vente, n. 446.

380 Tête de Cérès à g., voilée et coiffée d'épis. Ŗ. **ΑΜΦΙΚΤΙΟ
ΙΝΩΝ**. Apollon assis à g. sur l'omphale, une longue branche
de laurier à la main ; devant lui, une lyre. — .R⁵. Très rare.

Voir planche IX.

BÉOTIE

381 Bouclier béotien. Ŗ. **ΒΟΙΩ**. Amphore ; dessus, grappe de raisin. — .R⁴. FDC.

Voir planche IX.

382 Tête laurée de Neptune. Ŗ. **ΒΟΙΩΤΩΝ**. Victoire à g., tenant
un trident et une couronne. Monogramme. — .R⁴.

383 Tête de Cérès, de face, couronnée d'épis. Ŗ. Même légende.
Neptune debout à dr., tenant un trident et un dauphin.
Dans le champ, bouclier et monogramme. — .R⁴. B.

Voir planche IX.

384 Bouclier béotien. Ŗ. Même lég. Trident ornementé et dauphin. — B³.

385 **Orchomenos.** Grain d'orge. ℞. Carré creux à quatre cases. — Æ[1].

386 **Tanagra.** Bouclier béotien. ℞. Dans une aire creuse : **TA.** Moitié antérieure d'un cheval courant à dr., portant une couronne de feuilles en guise de collier. — Æ[6]. B.

Voir planche IX.

387 **Thèbes.** Bouclier béotien. ℞. Carré creux avec un ⊕ au centre. — Æ[4]. Flan gobuleux. TB.

388 Même bouclier. ℞. Dans un carré creux : ⊕EBAIOS. Hercule nu, agenouillé à dr. et bandant son arc. Ancien style. — Æ[6]. Très rare. B.

Vente Photiadès-Pacha, n. 431.

Voir planche IX.

389 Même avers. ℞. Dans une aire creuse : ⊖E. Tête de Bacchus barbu (de style sévère), à dr., couronné de lierre. — Æ[6]. B.

Vente Billoin (1886), n. 456.

390 Même avers. ℞. Dans une aire concave : ⊖EBH. Canthare ; dessus, massue. — Æ[2].

EUBÉE

391 Tête de femme à g., avec collier et pendant d'oreilles. ℞. **EY.** Tête et encolure de taureau, à dr., paré de bandelettes. Grappe de raisin dans le champ. — Æ[4]. TB.

Voir planche IX.

392 **Chalcis.** Tête de femme à dr., avec pendant d'oreille. ℞. **XAΛ** rétrograde. Aigle volant à dr. et dévorant un serpent. — Æ[3]. B.

393 **Eretria.** Taureau à dr., retournant la tête et se grattant. ℞. Dans un carré creux : **E** rétrograde. Poulpe. — Æ[3].

ATTIQUE

394 Arrière-train de cheval, à dr. ℞. Carré creux très primitif. —
Æ³. TB.

Voir planche X.

395 Roue à quatre rais. ℞. Carré creux à ailes de moulin. — Æ .

396 **Athènes.** Tête casquée de Minerve, de très ancien style, petite,
le nez proéminent, l'oreille chargée d'une perle, le casque
orné de dessins géométraux. ℞. Dans une aire légèrement
creuse : **AΘE.** Chouette à dr. et pousse d'olivier. - Æ³.
Flan globuleux. B.

Voir planche IX.

397 Autre, la tête de la chouette très grosse. — Æ⁶. TB.

Vente Photiadès-Pacha, n. 499.

Voir planche X.

398 Autre, le casque uni et à rebord formant diadème. Æ⁶. B.

Vente de Quélen, n. 2.429.

399 Même type, les cheveux de Minerve frisés et couvrant le front ;
la chouette du revers très petite. — Æ⁶. TB.

Vente Photiadès-Pacha, n. 506.

Voir planche X.

400 Type de la pièce précédente. — Æ⁶. TB.

Même vente, n. 505.

Voir planche X.

401 Variété rare ; les contours du visage très beaux, les cheveux
gaufrés. ℞. Chouette plus petite qu'à l'ordinaire, le corps à
dr., la tête de face ; la pousse d'olivier à l'angle droit infé-
rieur. — Æ⁶. TB.

Voir planche X.

402 Tête de Minerve du nouveau type, le casque orné de feuilles
droites et d'une tige de plante enroulée. ℞. Chouette, et
croissant sous la pousse d'olivier. — Æ^8. B.

403 La même. — Æ^7.

404 Autre exemplaire, de toute beauté. — Æ^9.

Voir planche X.

405 Tétradrachme du même style. — Æ^7.

Vente Bompois, n. 1104.

406 Autre. — Æ^8.

Même vente, n. 1104.

407 Autre, de fabrique phénicienne. — Æ^8.

408 Autre, frappé sur flan ovale. — Æ^9.

409 Drachme au même type. Pas de croissant au revers. — Æ^3.
TB.

410 Autre exemplaire. — Æ^3. TB.

411 Autre exemplaire. — Æ^3. TB.

412 Autre, de fabrique phénicienne. — Æ^3. TB.

413 Obole au même type. — Æ^1. TB.

414 Tête de Minerve à dr., le casque orné de bustes de chevaux,
d'un griffon courant et d'une triple aigrette. ℞. Dans une
couronne d'olivier : AΘE. Chouette sur une amphore renversée. AMMΩ ΔIO et une plemmochoé. — Æ^9.

Vente Bascle (1882), n. 15.

415 Autre. ℞. HΛIOΔΩ EΠIΓENH ΣΩΣANΔPOΣ. Aigle sur le
foudre ; E sur l'amphore. — Æ^9. TB.

416 Autre. ΞENOKΛHΣ APMOΞENOΣ. Dauphin et trident. — Æ^9.
TB.

Vente Bompois, n. 1120.

Voir planche X.

417 Autre. **ΑΡΙΣΤΙΩΝ ΦΙΛΩΝ ΓΙ**. Pégase (*de Mithridate*) à g., se désaltérant. Sur l'amphore, **M** ; en exergue, **ΠΕ**. — Æ⁹.

418 Drachme au même type. ℞. **ΤΙΜΑ ΝΙΚΑ ΦΑΝΟ**. Ancre. — Æ⁴. B.

    Vente Photiadès-Pacha, n. 754.

419 Tête casquée de Minerve. ℞. **ΑΘΗΝ**... Vue de l'acropole d'Athènes, avec le Parthénon, la statue de Minerve, l'escalier qui conduit aux Propylées et la grotte de Pan. — B⁶. *Très rare*.

    Vente Hoffmann (1898), n. 581.

420 Même tête. ℞. **ΑΘΗΝΑΙΩΝ**. Table des jeux avec traces de légende, amphore, buste de Minerve, chouette et couronne. — B⁶, 2 pièces.

    Vente Photiadès-Pacha, n. 858.

421 Même tête. ℞. **ΑΘ....ΩΝ**. Triptolème debout à g. sur un char attelé de deux serpents ailés. — B⁶.

    Même vente, n. 814.

422 **Éleusis**. Char de Triptolème à g. ℞. **ΕΛΕΥΣΙ**. Porc à dr. sur un faisceau de plantes. Exergue : branche de lierre. — B³, patine verte. TB.

    Même vente, n. 887.

423 **Égine**. Tortue de mer. ℞. Carré creux à cinq cases. — Æ⁹, flan ovale. B.

424 Autre exemplaire, un peu varié. — Æ⁶. B.

    Vente Billoin (1886), n. 476.

425 Tortue de terre. ℞. Carré creux analogue. — Æ⁵.

426 Autre exemplaire. ℞. Deux globules dans une des cases du carré creux. — Æ⁴. B.

427 Autre exemplaire. ℞. Dans le carré creux : **ΑΙΓΙ** et un petit dauphin. — Æ⁶. B.

ACHAÏE

428 **Corinthe.** Pégase d'ancien style, courant à g. Dessous, le *koph*. R⁄. Carré creux. — Æ⁶. B.

429 Même Pégase, à dr. ; dessous, le *koph*. R⁄. Dans un carré creux : tête casquée de Minerve, à dr., d'ancien style. — Æ⁵. TB.

Vente Photiadès-Pacha, n. 927.

429ª Demi-drachme du même type. — Æ³. B.

430 Pégase d'ancien style, à dr., se désaltérant ; dessous, le *koph*. R⁄. Tête casquée de Minerve, à g. ; derrière, une petite figurine d'éphèbe nu. Tréflage. — Æ⁶. B.

431 Pégase volant à g. ; dessous, le *koph*. R⁄. Tête de Minerve à g., le casque lauré ; dans le champ, **A. P** et masque de Méduse. — Æ⁶.

432 Même avers. R⁄. Tête de femme à dr., les cheveux dans un *sakkos*. **A** dans le champ. — Æ³, 2 pièces variées.

Vente Photiadès-Pacha, n. 959 et 960.

433 Tête de déesse, à dr. ; dessous, **CORINT (NT** liés). R⁄. ...**CAE-CIL·NIGR C· HEIO PAM IIVIR.** Bellérophon à dr., combattant la chimère. — B⁶, patine verte. TB.

Même vente, n. 972.

434 **Phlionte.** Taureau cornupète à dr. R⁄. Dans un carré creux, **Φ** entre quatre globules. — Æ³.

Même vente, n. 978.

435 **Sicyone.** **ΣΕ.** Chimère à g. R⁄. Colombe éployée à g., dans une couronne d'olivier. — Æ⁶. B.

436 Même avers, avec une couronne au-dessus de la Chimère. R⁄. Colombe volant à dr. dans une couronne ; derrière, **A.** — Æ⁶. TB.

437 Tête laurée d'Apollon, à dr. (très beau style). ℞. Colombe
volant à dr. **ΣΙ** dans le champ. — Æ³. B.

ÉLIDE

438 Aigle à g. dévorant un serpent; champ convexe. ℞. Dans une
aire creuse : [**F**]**A**. Foudre. — Æ³.

439 Tête d'aigle à g.; dessous, une feuille de lierre. ℞. **FA** et
foudre ailé dans une couronne de feuilles. — Æ³. B.
Vente Lacroix (1888), n. 179.

440 Tête laurée de Jupiter, à dr. (très beau style). ℞. **FAΛEIΩN**.
Aigle à dr. sur un chapiteau. — Æ7. TB.
Voir planche X.

441 Tête de Junon, à dr. (style sévère), ceinte d'un large diadème
brodé de lis et de palmettes. ℞. **FA** et foudre dans une couronne de feuilles. — Æ⁶. TB.
Voir planche X.

442 Même tête, de beau style. ℞. **FA** et aigle éployé de face dans
une couronne de feuillage. — Æ⁸. TB.
Voir planche X.

443 Variante de la même tête; dans le bas, **FA**. ℞. Aigle à dr.
dans une couronne de feuilles. — Æ³. B.
Voir planche X.

444 Tête laurée de Jupiter. ℞. Dans une couronne de laurier : **AX**
en monogramme cantonné de **FA**, **ΣΩ** (superposés) et **Γ**.
— Æ⁵.

445 **Ithaque** (île d'). Tête d'Ulysse à g., coiffée du pilos. ℞. Tête
de Minerve à g. Contremarque. — B⁵. TB.
Vente Photiadès-Pacha, n. 1074.

ARGOLIDE

446 **Argos.** Deux dauphins placés l'un au-dessus de l'autre, en sens
contraire. ℞. Carré creux à huit cases triangulaires. — Æ³.
TB.

Voir planche X.

447 Moitié antérieure de chien, à g. ℞. A dans un carré creux. —
Æ².

448 Même avers. ℞. Dans une aire creuse, grand A et nom propre
fruste. Æ³. — Même moitié de chien courant à dr. ℞. A,
tête radiée du Soleil et ΞΕΝΟΦΙΛΟΥ. Æ⁴. — 2 pièces.

Vente Billoin (1886), n. 513.

ARCADIE

449 Jupiter assis à g., portant l'aigle sur sa main dr. avancée. ℞.
Dans un carré creux : |A]RKAΔIKON rétrograde. Tête de
femme à dr., de style sévère. — Æ³. B.

450 Tête laurée de Jupiter à g. (beau style). ℞. AP liés. Pan assis
à g. sur un rocher et s'appuyant sur sa houlette. Æ⁶.
Très rare. B.

Voir planche X.

451 Même avers ; I derrière la tête. ℞. AR liés. Pan assis à g., la
houlette au bras g., le bras dr. levé. I dans le champ. —
Æ³. B.

452 Tête de Pan adolescent, à dr. ℞. AR liés et syrinx. — B⁴,
patine verte. TB.

Voir planche X.

453 **Mantinée.** Gland de chêne. ℞. M. — Æ¹. *Rare.* B.

Vente Photiadès-Pacha, n. 1169.

Voir planche X.

454 **Pheneos.** Tête de Cérès à dr., coiffée d'épis, parée d'un collier et d'un pendant d'oreille. Très beau style. ℞. **ΦΕΝΕΩΝ**. Mercure nu, courant à g. en regardant l'enfant Bacchus qu'il porte sur son bras g. ; il est coiffé du pétase et tient à la main dr. le caducée. — Æ. *Très rare*. TB.

> Vente Billoin (1886), n. 527.

> *Voir planche X.*

ILE DE CRÈTE

455 **Cnossus.** Minotaure agenouillé à dr., le bras g. levé. ℞. Labyrinthe. Æ⁶. *Rare*.

> *Voir planche X.*

456 Tête de femme à dr. ℞. Labyrinthe. — Æ⁶. B.

> Vente du Chastel (1889), n. 71.

> *Voir planche X.*

457 Tête de Junon à g., coiffée d'un diadème à décor floral. ℞. **ΚΝΩΣΙ**. Labyrinthe ; **AP** dans le champ. Æ. B.

> *Voir planche XI.*

458 **Cydonia.** Tête de femme à g., couronnée de lierre. ℞. **ΚΥΔΩΝ**. Le héros Cydon, nu, debout à g. et bandant son arc. — Æ. B.

> *Voir planche XI.*

459 **Gortyne.** Europe sur le taureau, à dr., les bras étendus horizontalement. ℞. Dans un carré creux : masque de lion. — Æ.

> Vente Photiadès-Pacha, n. 1266.

> *Voir planche XI.*

460 Europe assise sur le platane. ℞. Taureau debout à dr., retournant sa tête en arrière. — Æ. TB.

> Même vente, n. 1270.

461 Europe assise sur le platane; sur ses genoux, l'aigle éployé.
℞. Taureau courant à dr. — Æ⁶. B.

> Même vente, n. 1272.

> *Voir planche XI.*

462 Tête de femme, à dr. ℞. Dans une aire concave : tête de taureau à dr. avec encolure. — Æ⁶. B.

> *Voir planche XI.*

463 **Itanus.** Triton à dr., harponnant un poisson. ℞. **ITANION.**
Deux serpents affrontés. — Æ⁸. *Très rare.* B.

> *Voir planche XI.*

464 Même Triton. ℞. Étoile. — Æ². B.

> *Voir planche XI.*

465 Tête casquée de Minerve à g. ℞. Dans un carré creux : [IT]A-
NIΩN. Aigle à g. et figurine de Triton armé d'un trident.
— Æ⁴. B.

> Vente Photiadès-Pacha, n. 1297.

466 **Lyttus.** Aigle volant à g. ℞. Tête de sanglier à dr., dans un
cadre de perles. — Æ⁶. B.

467 **Phaestus.** Hercule nu, debout à g., armé d'une massue et combattant l'hydre. ℞. Dans une aire creuse : [ΦΑΙ]ΣΤΙΩΝ.
Taureau à dr. — Æ⁷. B.

> Vente Photiadès-Pacha, n. 1321.

> *Voir planche XI.*

468 Tête d'éphèbe à dr. ℞. Tête de taureau, de face. — Æ³.

> Même vente, nᵒ 1326 *bis.*

468ᵃ Talos ailé, courant à dr. en brandissant une pierre. ℞. **ΦΑΙC-**
ΤΙΩΝ. Chien à dr., la tête baissée. — B⁴.

> Même vente, n. 1327.

469 **Phalasarna**. Tête de femme à dr. ℞. ΦA. Trident. — Æ³. TB.

Voir planche XI.

470 **Praesus**. Héros nu, agenouillé à dr. et tirant de l'arc. Poisson dans le champ. ℞. Aigle éployé à g. — Æ⁶, fourré.

ILES DE L'ARCHIPEL

471 **Ceos**. Amphore. ℞. Carré creux. — Æ³, flan globuleux. B.

472 **Ios**. **OMHP**... Tête diadémée d'Homère, à dr. ℞. **IHTΩN**. Minerve combattant, à dr. — B³. B.

> Vente Photiadès-Pacha, n. 1385.

472ª Tête d'Homère à g. ; devant, **O MHPO|Y|**. ℞. **IHT**. Palmier. — B³. B.

> Même vente, n. 1386.

473 **Melos**. Pomme de grenade. ℞. **MA**. Canthare paré de deux feuilles de lierre. — B³. B.

474 La même dans un cercle de perles. ℞. **MH...ΩN**. Palladium armé d'une lance et d'un bouclier. B⁶.

> Vente Billoin (1886), n. 562.

475 **Naxos**. Canthare paré de lierre et de grappes de raisin. ℞. Carré creux. — Æ⁶. B.

476 **Paros**. Tête voilée et diadémée de femme. ℞. **ΓAPI** dans une couronne de lierre en fleur. — Æ³.

> Vente Rhousopoulos, n. 3167.

477 **Siphnos**. Tête de femme. ℞. Aigle éployé de face. — B¹.

478 **Syros**. Tête barbue, à dr. ℞. **ΣYP**. Chèvre à g. — B¹.

479 **Tenos**. Grappe de raisin. ℞. Carré creux. — Æ³. *Rare*. TB.

Voir planche XI.

480 Tête d'Ammon imberbe. ℞. **THNIΩ N** . Neptune à g., tenant
le trident. — B⁶.

PONT

481 **Amisus**. Tête de déesse à g., coiffée d'un diadème ciselé. ℞.
ΓΕΙΣΙ . Chouette éployée de face. — Æ³. TB.
Coll. Wigan.

482 Tête jeune casquée. ℞. **ΑΜΙΣΟΥ**. Pégase (de Mithridate) à g.,
s'abreuvant. Monogramme en exergue. — B⁶. *Rare*. B.

483 **Mithridate VI le Grand** (*roi du Pont*). Tête diadémée du roi,
à dr. ℞. Dans une couronne de lierre en fleur : **ΒΑΣΙΛΕΩΣ
ΜΙΘΡΑΔΑΤΟΥ ΕΥΠΑΤΟΡΟΣ**. Pégase à g., se désaltérant.
Dans le champ : soleil et lune, **ΧΑΡ** en monogramme. —
Æ¹⁰. FDC.
Vente Ponton d'Amécourt, n. 324.
Voir planche XI.

484 **Polémon II**. **ΒΑСΙΛΕΩ[С] ΠΟΛΕΜ[ΩΝΟС]**. Buste diadémé du
roi. ℞. **ΕΤΟΥС ΙΗ**. Buste lauré de Néron. — Æ4.

485 **Sauromate II**. **ΒΑСΙΛΕΩС ϹΑΥΡΟΜΑΤΟΥ**. Buste drapé et
diadémé; devant, massue. ℞. Buste lauré de Septime-Sévère;
année **ΒϠΥ**. — Électrum⁴. TB.

486 **Rhescouporis III**. **ΒΑСΙΛΕΩС ΡΗСΚΟΥΠΟΡΙΔΟС**. Buste
drapé et diadémé. ℞. Buste lauré de Caracalla; année **ΔΙΦ**.
Étoile dans le champ. — Électrum⁵. B.

PAPHLAGONIE

487 **Amastris**. Tête d'éphèbe à dr., coiffée d'un bonnet phrygien
lauré et orné d'une étoile. ℞. **ΑΜΑΣΤΡΙΕΩΝ**. Déesse nicé-

phore, assise à g. sur un trône. Dans le champ, bouton de fleur. — Æ[6]. TB.

Voir planche XI.

488 **Sinope.** Tête d'aigle (ancien style) à g.; dessous, dauphin. ℞. Carré creux. — .R[3], flan globuleux. *Rare.* TB.

489 Tête de femme à g.; devant, aplustre. ℞. ΣΙΝΩ. Aigle à g. sur un dauphin. Dans le champ. **ΚΑΡΓ**. — .R[4]. TB.

Vente du Chastel (1889). n. 78.

BITHYNIE

490 **Calchadon.** **ΚΑΛΧ**. Taureau à g. sur un épi de blé. Devant, monogramme. ℞. Carré creux granulé. — Æ[3]. B.

491 **Prusias II** (*roi*). Tête diadémée à dr. ℞. **ΒΑΣΙΛΕΩΣ ΠΡΟΥ-ΣΙΟΥ**. Jupiter debout à g., s'appuyant sur un sceptre et tenant le foudre. Monogramme et **T**. — Æ[9]. TB.

Voir planche XI.

492 **Nicomède II.** Tête diadémée du roi. ℞. **ΒΑΣΙΛΕΩΣ ΕΠΙΦΑ-ΝΟΥΣ ΝΙΚΟΜΗΔΟΥ**. Jupiter debout à g., tenant un sceptre et couronnant le nom du roi. Dans le champ : aigle, monogramme et **ΖΠΡ**. — .R[10]. B.

MYSIE

493 **Apollonia.** Masque lauré d'Apollon. ℞. Ancre, **A** et écrevisse. — Æ[2].

494 **Cyzique.** Silène agenouillé à dr., versant le vin d'une amphore dans son canthare ; dessous, un thon à dr. ℞. Carré creux. — Électrum[1], flan globuleux. B.

Voir planche XI.

495 Sphinx femelle à g. sur un thon (ancien style). ℞. Carré creux. — Électrum[1] fourré ; hecté.

496 **ΣΩΤΕΙΡΑ**. Tête de Cérès, à g., coiffée d'épis et d'une sphendoné (tréflage du coin). ℞. **KYZIKH**... Tête de lion à g. ; dessous, thon à g. — Æ[7]. TB.

Voir planche XI.

497 Variante du même avers (avec un léger tréflage). ℞. [**KY:Z**]. Même tête de lion à g. sur un thon. — Æ[6]. B.

Vente Yorke Moore (1889), n. 350.

498 Même tête à g. (sans légende). ℞. **KYZI**. Apollon assis à g. sur l'omphale, accoudé sur sa lyre et faisant une libation ; à ses pieds, une proue de vaisseau. Monogramme dans le champ. — Æ[6]. TB.

Voir planche XI.

499 Autre exemplaire, sans la proue de vaisseau au revers ; sous la patère d'Apollon, une grappe. — Æ[6]. B.

Voir planche XI.

500 Même tête de Cérès à g. ℞. **KYZI**. Tête de lion à g. sur un thon : derrière, branche feuillue. — Æ[5]. B.

501 Autre exemplaire, sans symbole.

502 Autre, avec **ΣΩΤΕ**... au-dessus de la tête. — Æ[5].

503 Tête laurée d'Apollon. ℞. **KYZIKHNΩN**. Trépied et monogramme. — B[8], patine verte. B.

504 Tête de Cérès. ℞. **KYZI**. Trépied. Dans le champ, grappe de raisin et monogramme. B[4]. — ℞. Dans une couronne de chêne : **KYZI** et monogramme ; dessous, **H**. B[4]. — 2 pièces.

505 Buste drapé de Cérès. ℞. **KYZIK**. Panthère à dr. — B[3]. TB.

Vente Billoin (1886), n. 616.

506 **Lampsaque**. Buste de Pégase à g. (ancien style) dans une
bordure formée par un cep de vigne ; dessous, ⪉. ℞. Carré
creux. — Électrum[5]. TB.

Vente du Chastel (1889), n. 79.

Voir planche XI.

507 Tête laurée de Jupiter à g. (très beau style); derrière, le foudre.
℞. Buste de Pégase volant à dr. (ancien style). — Or[1]. TB.

Voir planche XII.

508 Tête de Bacchante à g., couronnée de lierre, les cheveux épars.
℞; Moitié antérieure de Pégase (ancien style), volant à dr.
— Or[4]. TB.

Voir planche XII.

509 Victoire à g., sacrifiant un bélier. ℞. Moitié de Pégase, à dr.
— Or[5]. Poids : 3 gr. 40. — *Très rare*. B.

Voir planche XI.

510 Buste de Pégase, volant à g. (ancien style). ℞. Carré creux.
— Æ[2]. TB.

Voir planche XII.

511 Double tête de femme (ancien style). ℞. Dans un carré creux :
tête casquée de Minerve à g. — Æ[3].

511[a] Même tête, de beau style. ℞. Tête de Minerve à dr. ; au-dessus, Λ. — Æ[3]. B.

512 **Pergame**. *Cistophore*. ℞. Gorytus entre deux serpents. ΠΕΡ
liés, ΑΠ, monogramme et thyrse. Æ[7]. TB.

513 **Attabe I**[er] (*roi*). Tête laurée du roi, à dr. ℞. **ΦΙΛΕΤΑΙΡΟΥ**.
Minerve assise à g., accoudée sur un bouclier et couronnant
le nom du roi ; à sa droite, une lance. Feuille de lierre, arc
et Α dans le champ. — Æ[2]. TB.

Voir planche XII.

TROADE

514 **Abydus**. Buste diadémé et drapé de Diane, l'arc et le carquois
sur l'épaule. ℞. Dans une couronne de laurier : ABYΔH-
NΩN. Aigle éployé à dr. Abeille dans le champ ; en exergue :
ΦΕΡΕΝΙΚΟΥ. — Æ⁸. TB.

Voir planche XII.

515 Tête laurée d'Apollon à dr. ℞. ABY et ΥΛΛΙΠΠΟΣ. Aigle à
dr. ; devant, abeille. — Æ³. FDC.

516 **Assus**. Tête de Pallas à g. ℞. ΑΣΣΙΟΝ. Tête de taureau, de
face. — Æ³. *Rare.*

Voir planche XI.

517 **Dardanus**. Cavalier galopant à dr. ℞. |Δ|AP. Coq à dr. —
B².

Vente Billoin (1886), n. 636.

517ᵃ La même, plus petite, avec ΔAP et un Γ dans le champ. —
B¹, patine verte.

518 **Ilium**. Tête de Pallas à dr. ℞. ΙΛΙ. Minerve Ilias debout à g.,
tenant une quenouille. — B³.

519 **Tenedos** (*île de*). Double tête, celle de g. barbue et laurée,
l'autre diadémée. ℞. Dans une couronne de laurier : TENE-
ΔΙΩΝ. Double hache. Dans le champ : TE liés, grappe de
raisin et figurine tenant une grappe et un thyrse. — Æ¹⁰.
TB.

Vente Rhousopoulos, n. 3518.

Voir planche XII.

520 Même double tête, celle de la déesse tournée à g. ℞. TENE-
ΔΙΟΝ. Double hache. Dans le champ, grappe de raisin et
thyrse. — Æ⁴. TB.

Vente Billoin (1886), n. 642.

Voir planche XII.

ÉOLIDE

521 **Cymé.** Tête d'Amazone à dr., une bandelette dans les cheveux.
℞. Dans une couronne de laurier : **KYMAIΩN**. Cheval à dr.;
devant, un vase. Exergue : **KAΛΛIAΣ**. — Æ 10. TB.

522 **Myrina.** Tête laurée d'Apollon, les cheveux bouclés. ℞. Dans
une couronne de laurier : **MYPINAIΩN**. Apollon debout à
dr., tenant une patère et une branche de laurier. Dans le
champ, canthare et monogramme. — Æ 9. TB.

> Vente Billoin (1886), n. 647.

523 **Lesbos** (*île de*). Masque de Gorgone, tirant la langue. Très
ancien style. ℞. Carré creux. — Billon?, flan épais. *Rare.*
B.

> *Voir planche XII.*

524 Deux têtes de veau affrontées; entre elles, un rameau. ℞.
Carré creux. — Billon?, flan épais. B.

525 Tête de bélier à dr.; dessous, épi. ℞. incus : tête de lion à g.,
la gueule ouverte. — Électrum². TB.

> *Voir planche XII.*

526 Tête de Bacchus jeune, à dr., couronnée de lierre. ℞. Masque
de chimère (lion cornu) dans un cadre. — Électrum². B.

> *Voir planche XII.*

527 Tête imberbe avec une corne de bélier à la tempe. ℞. Aigle à
dr. dans un cadre. — Électrum². TB.

> *Voir planche XII.*

528 Tête de Dioscure entre deux étoiles. ℞. Tête de femme à dr.
dans un cadre. — Électrum². TB.

> *Voir planche XII.*

529 **Mathymna.** Dans un cadre perlé : **MAΘVMNAIOΣ**. Tête de

Pallas à dr., le casque orné d'un buste de Pégase et de volutes. R⁄. Sanglier à dr. — Æ⁴. TB.

Voir planche XII.

530 Autre exemplaire. R⁄. Au-dessus du sanglier : [MAΘIVM-NAIO[Σ]. — Æ⁵. B.

Voir planche XII.

531 Guerrier casqué, agenouillé à g., armé d'une lance et d'un bouclier rond. R⁄. Moitié antérieure de cheval à dr. avec son cavalier, dans un cadre perlé. — Æ³. B.

532 **Mytilène**. Tête laurée d'Apollon, à dr. R⁄. MYTI. Lyre ; dans le champ, plectrum. — Æ⁶.

Voir planche XII.

IONIE

533 Tête imberbe casquée, à g. R⁄. Carré creux à ailes de moulin. — Électrum¹. B.

534 Tête de femme à g. (beau style). R⁄. Carré creux. — Électrum¹.

535 **Clazomènes**. Tête d'Apollon, de face, les cheveux bouclés et ceints d'un large bandeau perlé. R⁄. KΛAIOM... Cygne à g., les ailes relevées, le col retourné en arrière. — Æ⁸, tétradrachme, *une des pièces les plus rares de la numismatique grecque. Variété inédite.*

Voir planche XII.

536 **Éphèse**. Abeille (ancien style). R⁄. Protome de cerf couché, à dr., la tête retournée vers un palmier en fruit. — Æ⁶. B.

537 EΦ. Abeille. R⁄. de la pièce précédente. KOM. — Æ⁶. TB.

538 Tête diadémée de Diane à dr. (d'un art exquis), l'arc et le car-

quois sur l'épaule. ℞. **ΑΡΙΣΤΟΚΛ**. Protome de cerf à dr., tournant la tête : **E** dans le champ. — Æ⁴. TB.

Voir planche XII.

539 *Cistophore*. ℞. **ΕΦΕ**. Gorytus entre deux serpents ; dessus, amphore avec son couvercle ; dans le champ : **ΞΔ** et flambeau. — Æ⁸. TB.

540 **Magnésie du Méandre**. Buste de Diane, à dr., drapé et diadémé, l'arc et le carquois sur l'épaule. Très beau style. ℞. Dans une couronne de laurier : **ΜΑΓΝΗΤΩΝ** et **ΕΥΦΗΜΟΣ ΠΑΥΣΑΝΙΟΥ**. Sur un méandre, Apollon debout à g., adossé à un trépied et tenant des bandelettes. — Æ⁹. TB.

Vente Toché (1887), n. 105.

Voir planche XII.

541 **Milet**. Tête de lion à dr. (style archaïque), la gueule ouverte. ℞. Carré creux à deux cases. — Électrum². B.

542 Buste de lion à g., la tête tournée à dr. (ancien style). ℞. Carré creux. — Æ⁵. B.

Voir planche XII.

543 Tête laurée d'Apollon. ℞. Lion debout à dr., retournant la tête vers une étoile. **ΜΟΙ**. En exergue, **ΒΙΩΝ**. Æ⁴.

544 Statue d'Apollon, debout à dr., tenant un arc et, sur sa main droite, un petit cerf. ℞. **ΜΙΛΗΣΙ**. Lion couché à dr., la tête tournée vers une étoile. — B⁴.

545 **Phocée**. Tête de femme à g. (ancien style), le chignon tombant jusqu'au bas de la nuque. ℞. Carré creux à quatre cases. — Électrum¹. B.

546 **Smyrne**. Tête tourelée de la Ville, à dr. ℞. Dans une couronne de chêne : **ΣΜΥΡΝΑΙΩΝ** et un monogramme. — Æ¹⁰. TB.

547 **Teos.** Griffon d'ancien style, assis à dr., la patte g. levée ; devant, une tête d'antilope. Dans le champ, **M** et **ΛΙ**. ℞. Carré creux à quatre cases granulées. — Æ⁵. TB.

Voir planche XII.

548 **Chios.** Sphinx femelle (d'ancien style), assis à g., les ailes relevées. ℞. Carré creux à quatre cases. — Æ⁴, flan ovale. B.

549 Autre exemplaire ; devant le sphinx, une aiguière. — Æ⁴, flan globuleux. B.

Vente Billoin (1886), n. 675.

550 **Samos.** Bourrelet en fer à cheval. ℞. Carré creux avec dessin ressemblant à un **V**. — Électrum¹, 2 pièces.

Trouvaille de 1894.

551 Masque de lion (ancien style). ℞. Proue de navire à g. dans une aire concave à bordure perlée. — Æ⁶. Poids : 17 gr. 20. Très rare. TB.

M. Babelon (*Traité des monnaies grecques et romaines*, t. I, 1474, n. 2192) préfère classer cette pièce intéressante à Rhegium d'Italie.

Voir planche XII.

552 Même avers. ℞. Moitié antérieure de taureau, à dr. ; derrière, branche de laurier ; devant, **ΣA** ; dans le haut, en petites lettres, **··EMHNEΩΣ**. — Æ⁶.

Voir planche XIII.

553 Même avers. ℞. Dans un carré creux : **HΓHΣIA**. Moitié de taureau à dr., devant, **ΣA**. — Æ³. B.

Voir planche XIII.

554 Moitié antérieure de sanglier ailé, à g. ℞. Dans un carré creux : masque de lion entouré d'un cadre perlé. Ancien style. — Æ³. B.

555 Tête de Junon à g., le diadème orné d'annelets. ℞. Masque de lion. — B³. FDC.

CARIE

556 Moitié antérieure de lion couché, à g. (ancien style); sur l'épaule, un signe ressemblant à un ☉ surmonté d'un T. ℞. Carré creux à deux cases. — Æ³. TB.

Voir planche XII.

557 Autre exemplaire. — Æ⁴. TB.

558 **Cnide.** Buste de lion couché à dr., la gueule béante. ℞. Dans un carré creux : tête de Vénus d'ancien style, à dr., coiffée d'une bandelette, le chignon couvrant la nuque. — Æ⁴. TB.

Vente Billoin (1886), n. 687.

Voir planche XIII.

559 **Calymna.** Tête casquée de jeune homme, à dr., les géniastères rabattus. ℞. Dans un carré perlé : lyre et **K ᴀᴧΥΜΝΙΟΝ**. — Æ⁴. TB.

Même vente, n. 699.

Voir planche XIII.

560 **Posidium de Carpathos.** Dans un carré perlé : deux dauphins superposés en sens inverse. Fleurettes et petit dauphin dans le champ. ℞. Carré creux à deux cases longitudinales. — Æ³. B.

561 Autre exemplaire, avec un petit dauphin dans le champ. — Æ³. B.

562 **Cos.** Éphèbe nu, de face, se penchant à g. sur un trépied, dans l'attitude de la danse, et jouant du tambourin. A dr., ΚΟΣ. ℞. Dans un carré creux à bords perlés : crabe. — Æ². Très rare. B.

Voir planche XIII.

563 Tête barbue d'Hercule à g. (très beau style). ℞. Dans une

aire creuse à cadre perlé : **ΚΩΙΩΝ**. Crabe. **ΦΙΛΙΣΚΟΣ** et massue couchée. — Æ⁷. TB.

Voir planche XIII.

564 **Camirus**. Feuille de figuier. ℞. Carré creux à deux cases longitudinales. — Æ⁵, flan ovale.

565 Autre exemplaire, de style moins ancien, avec de petites pousses entre les lobes de la feuille.

566 **Lindos**. Dans un cadre carré : tête de lion à dr., la gueule ouverte. ℞. Carré creux à six cases. — Æ⁵. *Très rare.* B.

Voir planche XIII.

567 **Rhodes**. Tête du Soleil, de face. ℞. **ΡΙΟΔΙΟΝ**. Rose. Dans le champ, **T** et un caducée. — Æ⁶. TB.

Voir planche XIII

568 Variété. ℞. Même type dans une aire creuse. **ΡΟΔΙΟ[Ν]**; grappe de raisin et **E**. — Æ⁷.

569 Tête du Soleil, de face. ℞. **ΡΟΔΙΟΝ**. Rose; dans le champ, abeille et **ΑΡΙ**… — Æ⁵.

570 Même tête, radiée. ℞. **ΑΓΗΣΙΔΑΜΟΣ**. Rose. Dans le champ, **PO** et figurine de Diane chasseresse courant à g., avec un flambeau.   Æ⁵. TB.

Vente Billoin (1886), n. 706.

Voir planche XIII.

571 Même tête radiée, à dr. ℞. Dans un carré creux : **PO**. Rose, casque et **ΑΓΗΣΙΔΑΜΟΣ**. — Æ⁵.

572 La même. ℞. **PO**. Rose, palme et extrémité d'une proue. — Æ⁸, patine verte. B.

572ᵃ Tête de Bacchus jeune, à g., couronnée de lierre. ℞. **ΕΠΙ**….. **ΡΟΔΙΩΝ**. Victoire à dr., avec palme et couronne. — Æ¹⁰. B.

LYDIE

573 **Crésus** (*roi*). Bustes affrontés de lion et de taureau. ℞. Carré
creux oblong, à deux cases. — Or⁴, flan ovale. TB.

Voir planche XIII.

574 Autre exemplaire. — Or⁴.

575 La même en Æ³. TB.

LYCIE

576 Moitié antérieure de sanglier, à g. ℞. Carré creux à cases trian
gulaires. — Æ⁴. B.

577 Sanglier à dr. sur une barre perlée. ℞. Dans un carré creux
bordé de perles : triquètre terminé par trois têtes de coq. —
Æ⁷, flan ovale. TB.

Voir planche XIII.

578 **Spindaza** (*dynaste*). Tête de femme d'ancien style, à g., le
chignon dans une sphendoné. ℞. Dans un carré creux
bordé de perles : légende lycienne et quatre croissants fixés
autour d'un anneau. — Æ³. TB.

Voir planche XIII.

PAMPHYLIE

579 **Aspendus.** Cavalier galopant à dr., le bras dr. levé et armé
d'un javelot. ℞. ΕΣΤΓΕΔΙΙΥΣ. Sanglier à g., percé d'une
lance et saignant. — Æ³. B.

Voir planche XIII.

580 Deux lutteurs nus, affrontés ; entre eux Λ. ℞. Dans un cadre

perlé : [ΕΣΤ]FEΔ.... Frondeur nu, à dr. ; dans le champ, triquètre et Éros adolescent, de face. — Æ[6]. FDC.

581 **Sidé.** Pomme de grenade ; dessous, un petit dauphin. ℞. Dans un carré creux : tête casquée de Pallas, à dr. ; devant, une branchette d'olivier. Ancien style. — Æ[6].

582 Pallas nicéphore debout à g., tenant une lance et un bouclier. Pomme de grenade dans le champ. ℞. Lég. pamphylienne. Apollon nu, debout à g., appuyé sur une branche de laurier et faisant une libation. A ses pieds, un corbeau. — Æ[5]. B.

583 Tête casquée de Pallas, à dr. ℞. ΑΦ. Victoire debout à g., tenant une couronne ; dans le champ, pomme de grenade. — Æ[8].

CILICIE

584 **Celenderis.** Cavalier nu, à dr., assis à la manière des femmes. ℞. ΚΕΛΕΝΔ··· Bouquetin agenouillé à dr., la tête retournée en arrière. — Æ[5]. B.

Voir planche XIII.

585 Moitié antérieure de Pégase, à dr. ℞. ΚΕΛ. Bouquetin agenouillé. — Æ[1].

585ᵃ Masque de Gorgone. ℞. Moitié de Pégase à g., dans un cadre perlé. Ancien style. — Æ[1].

586 **Mallus.** Femme ailée, vêtue d'une longue tunique et agenouillée à g., la tête tournée à dr. ; sa main dr. tient un caducée, l'autre une couronne de feuilles. ℞. Dans un carré creux : bétyle entre deux grappes de raisin. Triangle dans le champ. — Æ[6]. B.

Voir planche XIII.

587 Femme ailée courant à dr., en tenant des deux mains un disque

orné d'une étoile. ℞. **MAP**. Cygne à g. Dans le champ, un poisson et le symbole égyptien de la vie. — Æ⁶. TB.

Voir planche XIII.

588 **Olba. ΑΙΑΝΤΟΣ ΤΕΥΚΡΟΥ**. Buste d'Ajax (en Mercure) à dr., avec chlamyde et caducée. ℞. **ΑΡΧΙΕΡΕ.ΩΣ ΤΟΠΑΡΧ ΟV**. foudre, **ΚΕΝΝΑΤ ΛΑΛΑΣ...ΕΤ Β**. — B⁰. TB.

Vente Courtin (1896). n. 357.

Voir planche XIII.

589 **Soli**. Tête de femme casquée à g. ℞. Dans une aire creuse, **ΣΟ** et grappe de raisin. — Æ⁴. TB.

Voir planche XIII.

590 **Satrape de Soli**. Buste d'Hercule barbu. ℞. **Σ ΟΛΙ ΚΟΝ**. Tête de satrape coiffé de la tiare perse. — Æ⁵. B.

Voir planche XIII.

591 **Satrapes de Tarse**. Avers non frappé. ℞. *Tars* en lég. araméenne. Guerrier d'ancien style, nu, agenouillé à dr., avec lance et bouclier (type placé diagonalement dans un carré perlé). Æ⁶.

592 *Tiribaze*. Lég. araméenne. Baal aétophore debout à g., appuyé sur un sceptre. ℞. Dieu oiseau, de face, les ailes horizontales; il est coiffé du polos et tient une fleur et une couronne. Æ⁵.

Vente Hoffmann (1898), n. 649.

593 *Datame*. Tête de femme, de face. ℞. Lég. araméenne. Tête barbue casquée, à dr. — Æ⁵. La pièce porte deux entailles. B.

594 Même tête. ℞. Lég. araméenne. Buste barbu, drapé et casqué, à dr. — Æ⁶. TB.

Voir planche XIII.

595 *Baaltars* en lég. araméenne. Baal assis à dr., tenant un cep de vigne et un épi; près de lui, un brûle-parfums. Bordure dentelée. R̵. Lég. araméenne. Satrape assis à dr., tenant une flèche; devant lui, un arc; dans le champ, le disque solaire ailé. — Æ⁶. TB.

Voir planche XIII.

596 Même avers. R̵. Lég. araméenne. Datame debout à g., faisant le geste d'adoration devant le dieu Ana. Entre eux, un brûle-parfums. Bordure carrée à trois antéfixes. — Æ⁶. TB.

Voir planche XIII.

597 *Mazaeus.* Lég. araméenne. Baaltars assis à g., tenant le sceptre, un épi et une grappe de raisin. R̵. *Masdai* en araméen. Lion à g. terrassant un cerf. — Æ⁶.

Vente Billoin (1886), n. 727.

598 Variante, le dieu tenant un aigle, un épi et une grappe. — Æ⁶.

ILE DE CHYPRE

599 **Amathus.** Lion couché à dr.; au-dessus, aigle volant à dr. R̵. Moitié antérieure de lion couché à dr., la gueule béante. — Æ⁵. B.

Voir planche XIV.

600 **Citium.** *Pumiathon, roi.* Hercule marchant vers la dr., tenant son arc et brandissant sa massue. Dans le champ, l'insigne égyptien de la vie. R̵. Dans un carré creux : titre et nom du roi en phénicien. Lion à dr., dévorant un cerf. — Or⁵. B.

601 **Salamis.** Bélier couché à g. R̵. Non frappé. — Æ⁴.

602 *Pnytagoras, roi.* Buste de déesse à g., parée d'un collier, de boucles d'oreilles et d'un diadème orné de feuilles. Derrière,

B[A]. ℞. Tête tourelée de déesse à g. ; derrière, ΓΝ. — Or¹.
Très rare. TB.

Vente d'un *late collector* (1906). n. 404.

Voir planche XIII.

CAPPADOCE

603 **Ariarathe V.** Tète diadémée du roi, à dr. ℞. ΒΑΣΙΛΕΩΣ
ΑΡΙΑΡΑΘΟΥ ΕΥΣΕΒΟΥΣ Φ[Ι]ΛΟΠΑΤΟΡΟΣ. Pallas nicéphore
debout à g., avec lance et bouclier ; dessous, **B**. — Æ⁸.
Tétradrachme. *Rare.* TB.

Voir planche XIV.

604 **Ariarathe IX,** *fils de Mithridate.* Tète diadémée du roi, à dr. ;
dessous, trépied. ℞. Dans une couronne de pampres : ΒΑΣΙ-
ΛΕΩΣ ΑΡ[ΙΑ]ΡΑΘΟΥ ΕΥΣ[Ε]ΒΟΥΣ ΦΙΛΟΠ[Α]ΤΟΡΟΣ.
Pégase à g. ; dans le champ, soleil avec le croissant et monogramme. — Æ¹⁰. *Très rare.*

Voir planche XIV.

605 Drachme du même. — Æ¹.

Vente Billoin (1886), n. 768.

ROIS DE SYRIE

606 **Seleucus I**ᵉʳ. Tète d'Alexandre le Grand, à dr., coiffée de la
peau de lion. ℞. ΣΕΛΕΥΚΟ[Υ] ΒΑΣΙΛΕΩ[Σ]. Jupiter nicéphore assis à g. Monogramme ; sous le siège, **K**. — Æ⁸.
Tétradrachme. B.

607 Tète laurée de Jupiter. ℞. ·ΒΑΣΙΛΕ[Ω]Σ ΣΕΛΕΥΚΟΥ. Pallas
combattant à dr. dans un quadrige d'éléphants. Monogramme.
— Æ⁷. Tétradrachme. TB.

Voir planche XIV.

608 La même. ℞. **ΒΑΣΙΛΕΩΣ ΣΕΛΕΥΚΟΥ**. Pallas combattant à dr. dans un bige d'éléphants. Foudre (?) dans le champ. — Æ⁷. Tétradrachme.

609 Buste casqué du roi, à dr., le casque orné de cornes de taureau, une peau de lion nouée sur la poitrine. ℞. **ΒΑΣΙΛΕΩΣ ΣΕΛΕΥΚΟΥ**. Victoire debout à dr., érigeant un trophée. Dans le champ, **M** et **AX**. — Æ⁸. Tétradrachme. *Rare*.

610 **Antiochus Iᵉʳ**. Tête diadémée. ℞. **ΒΑΣΙΛΕΩΣ ΑΝΤΙΟΧΟΥ**. Apollon assis à g. sur l'omphale et tenant un arc et une flèche. **HP** liés. — Æ⁸. B.

611 Buste de Minerve, de face, le casque à triple aigrette. ℞. Même légende. Apollon assis à dr. sur l'omphale et tenant une lyre; derrière, trépied. — B⁵. B.

612 Ancre au centre d'un bouclier macédonien. ℞. Même légende. Éléphant marchant à dr. Dans le champ, massue et mâchoire de sanglier. Contremarque : ancre. — B⁵. B.

613 **Antiochus III**. Tête casquée de Minerve, à dr. ℞. Légende fruste. Éléphant de guerre, à dr., conduit par son cornac et chargé d'une tourelle. — Or⁴. Frappée en Bactriane.

Voir planche XIV.

614 Tête diadémée. ℞. **ΒΑΣΙΛΕΩΣ ΑΝΤΙΟΧΟΥ**. Apollon assis à g. sur l'omphale. Deux monogrammes. — Æ⁸.

615 Tête diadémée. ℞. **ΒΑΣΙΛΕΩΣ ΑΝΤΙΟΧΟΥ**. Apollon sur l'omphale, à g. — Æ⁹. TB.

Vente du Chastel (1889), n. 99.

616 **Antiochus IV Épiphane**. Tête diadémée du roi. ℞. **ΒΑΣΙΛΕΩΣ ΑΝΤΙΟΧΟΥ ΘΕΟΥ ΕΠΙΦΑΝΟΥΣ**. Jupiter nicéphore assis à g. sur un trône. — Æ⁹.

616ᵃ Tête laurée de Jupiter, à dr. ℞. **ΒΑΣΙΛΕΩΣ ΑΝΤΙΟΧΟΥ ΘΕΟΥ ΕΠΙΦΑΝΟΥΣ**. Aigle à dr. sur le foudre. — B¹⁰. *Rare*.

617 **Antiochus V Eupator**. Tête diadémée. ℞. ΒΑΣΙΛΕΩΣ ΑΝ-
ΤΙΟΧΟΥ ΕΥΠΑΤΟΡΟΣ. Jupiter nicéphore assis à g. Monogramme. — Æ¹⁰.

618 **Démétrius Iᵉʳ**. Tête diadémée. ℞. ΒΑΣΙΛΕΩΣ ΔΗΜΗΤΡΙΟΥ
ΣΩΤΗΡΟΣ. Femme assise à g., avec sceptre et corne d'abondance. Date, **HNP**. Deux monogrammes. — Æ⁸. B.

619 **Timarque**, *roi de Babylonie*. Tête diadémée. ℞. ...ΜΕΓΑΛΟΥ,
ΤΙΜΑΡΧΟ|Υ. Victoire debout à g. — B¹⁰. *Très rare*. B.

620 **Alexandre Iᵉʳ Bala**. Tête diadémée. ℞. ΒΑΣΙΛΕΩΣ ΑΛΕΞΑΝ-
ΔΡΟΥ ΘΕΟΠΑΤΟΡΟΣ ΕΥΕΡΓΕΤΟΥ. Jupiter nicéphore
assis à g.; date, ΓΞΡ. Monogramme et corne d'abondance.
— Æ⁸. TB.

Vente Bompois, n. 1757.

Voir planche XII.

621 Même tête. ℞. ΑΛΕΞΑΝΔΡΟΥ ΒΑΣΙΛΕΩΣ. Aigle à g. et
palme. ΓΞΡ et ΣΙΔΩ; aplustre. — Æ⁷. FDC.

622 **Démétrius II**. Tête barbue diadémée. ℞. ΒΑΣΙΛΕ ΩΣ ΔΗ-
ΜΗΤΡ ΙΟΥ ΘΕΟΥ ΝΙΚΑΤΟΡ ΟΣ. Jupiter nicéphore assis
à g. : Ξ sous le trône. — Æ⁸. B.

623 **Antiochus VI**. Tête diadémée et radiée. ℞. Dans une cou-
ronne de fleurs : ΒΑΣΙΛΕΩΣ ΑΝΤΙΟΧΟΥ ΕΠΙΦΑΝΟΥΣ
ΔΙΟΝΥΣΟΥ. Les Dioscures galopant à g. Dans le champ,
TPY, un monogramme, **ΣΤΑ** et la date **ΘΞΡ**. — Æ⁷. TB.

Voir planche XII.

624 Même tête. ℞. Même lég. Apollon assis à g. sur l'omphale. —
Æ⁴. TB.

625 Même tête. ℞. Même lég. Apollon debout à g., accoudé à un
trépied. — B³ dentelé. TB.

626 **Tryphon**. Tête diadémée. ℞. ΒΑΣΙΛΕΩΣ ΤΡΥΦΩΝΟΣ

[AYTO]KPAT[OPOΣ]. Casque à mentonnières, orné d'une corne. Monogramme. — Æ⁴. B.

Voir planche XIV.

627 Autre exemplaire.

628 Mêmes types et lég., avec **AYTOKPATOPO[Σ]**. — B⁴.

629 **Antiochus VII Évergète.** Tête diadémée. ℞. Dans une couronne de laurier : **BAΣIΛEΩΣ ANTIOXOY EYEPΓETOY.** Minerve nicéphore debout à g., etc. — Æ⁸.

630 **Antiochus VIII.** Tête diadémée. ℞. Dans une couronne de laurier : **BAΣIΛEΩΣ ANTIOXOY EΠIΦANOYΣ.** Jupiter nicéphore assis à g. ; **PEA** dans le champ. — Æ⁸.

631 Même tête. ℞. Même légende. Le prétendu tombeau de Sardanapale. Deux monogrammes. — Æ⁸. TB.

Voir planche XIV.

632 **Antiochus VIII et Cléopâtre.** Bustes géminés, à dr. ℞. **BAΣI-ΛIΣΣH[Σ] KΛEOΠATPA[Σ] ΘEAΣ KAI BAΣIΛEΩΣ AN-TIOXOY.** Jupiter nicéphore assis à g. Sous le siège : **ΣI IEPAΣ.** Monogramme. — Æ⁸.

633 **Tigrane.** Tête à dr., coiffée de la tiare arménienne. ℞. **B[A]ΣIΛEΩ[Σ] TIΓPANOY.** La Ville d'Antioche assise à dr. et tenant une palme ; à ses pieds, le fleuve Oronte. — Æ⁸. TB.

634 Trois pièces de Néron, Vespasien et Trajan, frappées à Antioche. ℞. Aigle. — Autre, aux effigies de Claude et de Néron. — Æ⁶.

COMMAGÈNE

635 **Antiochus IV Épiphane.** **BACIΛEYC MEΓ ANTIOXOC EΠI.**

Tête imberbe diadémée. ℞. Dans une couronne de laurier : **KOMMAΓHNΩN.** Scorpion. — B⁵. TB.

PHÉNICIE

636 **Aradus.** Le dieu Dagon, à queue de poisson, à dr., tenant un poisson (ancien style) ; au-dessus, deux lettres phéniciennes. ℞. Galère ; dessous, hippocampe nageant à dr.   Æ ⁷.

636ᵃ Tête barbue d'ancien style, à dr. ℞. indistinct. Æ. Module : 5 millim.

637 Abeille entre deux groupes de lettres. ℞. **APAΔIΩN.** Cerf à dr. et palmier ; Λ dans le champ.   Æ ⁶.

　　　Vente Billoin (1886), n. 838.

Voir planche XII.

638 Buste voilé, tourelé et drapé de Ville. ℞. Dans une couronne de laurier : **APAΔIΩN.** Victoire à g., tenant une palme et un aplustre. Date, **AOP,** deux lettres phéniciennes et **MΣ.** — Æ ⁹. B.

639 **Gaza.** Double tête janiforme, d'ancien style, celle de gauche barbue. ℞. Carré creux renfermant une chouette et un épi (?). — Æ ³.

640 **Sidon.** Le roi de Perse debout à g. dans un char à quatre chevaux allant au pas et guidés par un aurige. Derrière le char, un serviteur portant un vase et un bâton recourbé. Dans le champ, deux lettres phéniciennes. ℞. Galère sur les flots ; dans le haut, chiffre phénicien.   Æ ⁸, flan épais. B.

Voir planche XII.

641 Variante (sans légendes).   Æ⁵. B.

642 Galère sur les flots ; au-dessus, une lettre phénicienne. ℞. Dans

un carré creux : dieu barbu. debout à dr., combattant un lion debout. Annelet dans le champ. — Æ ¹, obole. B.

Voir planche XIV.

643 Autre exemplaire. B.

644 Le roi de Perse, agenouillé à dr. et tirant de l'arc. ℞. Cavalier galopant à dr., le bras droit levé et donnant un coup de lance. Dans le bas, deux couronnes. — Æ ⁵, flan épais. B.

Voir planche XIV.

645 Variante. Derrière le roi, **BA**. ℞. Derrière le cavalier, une tête barbue à dr., diadémée. — Æ ⁵, flan épais. B.

646 **Tripolis.** Bustes géminés des Dioscures à dr., drapés, laurés et surmontés chacun d'une étoile. ℞. Dans une couronne de laurier : **ΤΡΙΠΟΛΙΤΩΝ ΤΗΣ ΙΕΡΑΣ ΚΑΙ ΑΥΤΟΝΟΜΟΥ.** Déesse debout à g., tourelée et tenant un bâton et une corne d'abondance. Lettres dans le champ. Date, ΘΞ. — Æ ⁸. B.

647 **Tyr.** Le roi chevauchant un hippocampe, à dr. (ancien style). Exergue : un poisson. ℞. Chouette portant une houlette et un fléau. Chiffres phéniciens dans le champ. — Æ ⁵. TB.

Voir planche XIV.

648 Tête laurée d'Hercule jeune. ℞. **ΤΥΡΟΥ ΙΕΡΑΣ ΚΑΙ ΑΣΥΛΟΥ.** Aigle à g. sur une proue ; **AK**, massue et monogramme dans le champ. — Æ ⁸. TB.

JUDÉE

649 *Sicle de l'an 2.* Légende hébraïque : *Jérusalem la sainte.* Tige fleurie. ℞. Lég. hébraïque : *sicle d'Israël.* Coupe ; dessus, *sch(anat) b,* an 2. — Æ ⁶, flan épais. TB.

Voir planche XIV.

650 *L'an 2* en lég. hébraïque : Loulab entre deux cédrats. ℞. *De la rédemption de Sion.* Coupe. — B ⁶. B.

PERSE

651 Le roi courant à dr., tenant une arc et une flèche. Dans le champ, ΦΛ liés. ℞. Carré creux orné de lignes courbes, de dentelures et de globules. — Or⁵. Double darique. TB.

Voir planche XI.

652 Même avers. ℞. Carré creux irrégulier. — Or¹, darique. B.

Voir planche XI.

653 Même avers. ℞. Carré creux informe. — Æ³ B.

654 Autre exemplaire.

655 Jupiter assis à g., s'appuyant sur un sceptre. ℞. Lion à dr. ; dessus, ancre. — Æ⁶, flan épais. Frappé par le satrape grec de Babylonie.

ROIS PARTHES

656 **Mithridate Iᵉʳ.** Buste diadémé et drapé, à dr. ℞. ΒΑΣΙΛΕΩΣ ΜΕΓΑΛΟΥ ΑΡΣΑΚΟΥ ΦΙΛΕΛΛΗΝΟΣ. Hercule nu, debout à g., tenant une massue et une coupe. Monogramme en exergue. — Æ⁸, tétradrachme, *rare.* TB.

Voir planche XII.

657 **Mithridate II.** Buste à g., avec une étoile sur la tiare. ℞. Lég. usuelle, formant un carré. Roi parthe assis à dr. et tenant un arc. — Æ⁵, drachme. TB.

658 Buste diadémé à g. ℞. Variété de la précédente. — Æ⁶, drachme. TB.

Vente Billoin (1886), n. 856.

659 **Artaban II.** Buste drapé et diadémé du roi, à g. ℞. Lég. carrée : ΒΑΣΙΛΕΩΣ ΜΕΓΑΛΟΥ ΑΡΣΑΚΟΥ ΘΕΟΠΑΤΟΡΟΣ

EYEPΓETOY EΠIΦANOYΣΦIΛEΛΛHNOΣ. Roi parthe, assis à dr. et tenant un arc. — Æ ^{8}, tétradrachme. FDC.

Voir planche XV.

660 Tétradrachmes de *Phraate IV*, *Artaban III* (an ΛT), *Vologèse Ier* (an ΓΞT) et *Vologèse III*. — Æ ^{7}, 4 pièces.

ROIS SASSANIDES

661 **Sapor Ier**. Légende pehlvi. Buste du roi à dr., la tiare crénelée et surmontée d'un globe. R⁄. Autel du feu entre deux brûle-parfums. Dans le haut, quelques lettres pehlvi.— Or ^{4}. TB.

Voir planche XV.

662 Même avers. R⁄. Légende pehlvi. L'autel du feu accosté de deux gardiens armés de lances. — Æ ^{8}. B.

663 **Sapor II**. R⁄. L'autel du feu entre deux brûle-parfums. — Æ ^{7}. B.

ROIS DE LA BACTRIANE

664 **Euthydème Ier**. Tête diadémée du roi. R⁄. **BAΣIΛEΩΣ EYOY-ΔHMOY**. Hercule assis à g., appuyant sa massue sur un rocher. — Æ ^{7}.

665 **Eucratide**. Buste diadémé et drapé, à dr. R⁄. **BAΣIΛEΩΣ EYKPATIΔOY**. Apollon nu, debout à g., tenant un arc et une flèche. Monogramme dans le champ. — Æ ^{10}. TB.

Voir planche XV.

666 Même tête. R⁄. Même légende. Bonnets étoilés des Dioscures et deux palmes. — Æ ^{1}.

667 Tête casquée du roi. R⁄. de la pièce précédente. — Æ ^{1}.

668 **Apollodote.** ΒΑΣΙΛΕΩΣ ΑΠΟΛΛΟΔΟΤΟΥ ΣΩΤΗΡΟΣ. Éléphant à dr. ; dessous, monogramme. ℟. Légende sanscrite. Bœuf bossu, à dr. — Æ + carré.

Vente Billoin (1886), n. 927.

ROIS D'ÉGYPTE

669 **Ptolémée Ier.** Tête d'Alexandre le Grand, à dr., coiffée d'une peau d'éléphant. ℟. ΑΛΕΞΑΝΔΡΟΥ ΒΑΣΙΛΕΩΣ. Jupiter aétophore assis à g. Sous le siège, PY ; dans le champ, foudre. — Æ⁸. TB.

670 Autre exemplaire, sans le mot ΒΑΣΙΛΕΩΣ, et sans les lettres PY. Revers graffité. — Æ⁸. Beau style.

671 Même tête, d'un style admirable. ℟. ΑΛΕΞΑΝΔΡΟΥ. Minerve debout à dr., en posture de combat. Dans le champ, aigle sur le foudre et deux monogrammes. — Æ⁸. TB.

Vente Billoin (1886), n. 936.

Voir planche XV.

672 Tête diadémée de Ptolémée, à dr. ℟. ΠΤΟΛΕΜΑΙΟΥ ΒΑΣΙΛΕΩΣ. Aigle à g. sur le foudre. Dans le champ, monogramme et un petit bouclier. — Or⁶. B.

Voir planche XV.

673 Même tête. ℟. ΠΤΟΛΕΜΑΙΟΥ ΒΑΣΙΛΕΩΣ en lettres minuscules. Même aigle. AX liés. — Or¹.

Vente de Belfort, n. 17.

674 Mêmes types et lég. ℟. Deux monogrammes dans le champ. — Æ⁷. Tétradrachme. B.

675 **Arsinoé** (femme de Ptolémée II). Buste voilé et diadémé, à dr. ℟. ΑΡΣΙΝΟΗΣ ΦΙΛΑΔΕΛΦΟΥ. Double corne d'abondance, parée de bandelettes. Monogramme dans le champ. — Or⁶. B.

Voir planche XV.

676 Autre exemplaire, sans monogramme.

Voir planche XV.

677 Mêmes types et légende. Derrière la tête, **TY**. ℞. sans différent monétaire. — Æ¹⁰. Décadrachme. TB.

Voir planche XV.

678 Tête voilée et diadémée, à dr.; derrière, **B**. ℞. **ΑΡΣΙΝΟΗΣ ΦΙΛΑΔΕΛΦΟV**. Aigle à g. sur le foudre. — Æ⁸. TB.

Voir planche XV.

679 **Ptolémée III**. Buste radié à dr. vêtu de l'égide, un trident sur l'épaule. ℞. **ΠΤΟΛΕΜΑΙΟV ΒΑΣΙΛΕΩΣ**. Corne d'abondance radiée et parée de bandelettes. **ΔΙ** dans le champ. — Or⁸. TB.

Voir planche XV.

680 **Ptolémée V**. Buste drapé et diadémé, à dr. ℞. **ΠΤΟΛΕΜΑΙΟV ΒΑΣΙΛΕΩΕ**. Aigle à g. sur le foudre. **ΝΙ** dans le champ. — Æ⁸. *Rare*. B.

Voir planche XV.

681 Tête laurée de Jupiter. ℞. Même lég. Aigle à g. sur le foudre. — B¹², B⁹, B⁵, 3 pièces.

682 **Ptolémée Philométor**. Buste diadémé, à dr., l'égide sur les épaules. ℞. Même légende. Aigle à g. sur le foudre (*an* 6) et **ΠΛ** · · Æ⁸.

683 **Philométor et Cléopâtre**. Tête de Ptolémée Iᵉʳ. ℞. Même lég. Tête de Cléopâtre à dr., les cheveux calamistrés. B⁵. — Tête de Cléopâtre coiffée d'épis. ℞. Aigle etc. B⁵. — 2 p. B.

684 **Ptolémée Evergète II**. Tête diadémée à dr., l'égide sur les épaules. ℞. **ΠΤΟΛΕΜΑΙΟV**... Aigle à g. sur le foudre. · Æ⁸.

685 **Cléopâtre III**. **ΒΑΣΙΛΙΣΣΗΣ ΚΛΕΟΠΑΤΡΑΣ**. Tête de la reine, coiffée d'une peau d'éléphant. ℞. **ΠΤΟΛΕΜΑΙΟV ΒΑΣΙΛΕΩΣ**. Aigle à g. — B⁵. TB.

686 **Ptolémée frère d'Aulète** (*roi de Chypre*). Tête diadémée à dr.,
avec l'égide. ℞. **ΠΤΟΛΕΜΑΙΟΥ ΒΑΣΙΛΕΩΣ**. Aigle à g.
sur le foudre. **LB** et **ΠΑ** dans le champ. — Æ⁸.

687 **Cléopâtre VII** (*femme de Marc-Antoine*). Buste drapé et diadémé,
à dr. ℞. **Κ ΛΕΟΠΑΤΡΑ Σ**... Aigle à g. **Π** et double corne
d'abondance. — B⁸.

CYRÈNE

688 Tête d'Ammon, à dr. ℞. Foudre entre deux étoiles. — Or ¹⁄².
TB.

689 Même tête à g. ℞. Tête de femme à dr. — Or ¹⁄⁷.

690 **KYPANAION**. Jupiter debout à dr., appuyé sur un sceptre ; près
de lui, un bélier. ℞. Quadrige au pas, à g., conduit par
la déesse Cyrène. Exergue : **ΑΡΙΣΤΑΓΟΡΑ**. -- Or⁵.

Vente Ponton d'Amécourt, n. 151.

Voir planche XV.

691 Tête d'Ammon à dr. ℞. **KV-AP** (*sic*). Branche de silphium.
— Æ⁷. B.

Vente François (1897), n. 53.

Voir planche XV.

692 Dans un carré creux : Tête d'Ammon à dr. entourée d'un cercle
perlé. ℞. Silphium. — Æ³. B.

693 Tête d'Ammon imberbe, à dr. ℞. **KYPA**. Silphium, monogramme et crabe. — Æ⁵.

694 Tête barbue d'Ammon. ℞. **KO-IN** (*sic*). Silphium. — B⁶. B.

Coll. Wigan.

SYRTIQUE

695 **Oea**. Dans une couronne de laurier : Buste lauré d'Apollon,
à dr. ; devant, une lyre ; derrière, légende punique. R̷. **TI.
CAESAR·AVGVSTVS**. Buste de Tibère à g. entre un aigle
et une branche de laurier. — B⁹. B.

CARTHAGE

696 Tête de Cérès à g.. coiffée d'épis et parée d'un collier. R̷.
Cheval debout à dr. ; dans le haut, le disque solaire accosté
de deux uræus. — Électrum⁶. — Double statère.

Vente du Chastel (1889), n. 119.

Voir planche XV.

697 Statère d'or aux mêmes types (sans le disque solaire). Style
admirable. **FDC.**

Vente de Quelen, n. 2452.

Voir planche XV.

698 Le même en électrum. B.

699 Palmier en fruit. R̷. Buste de cheval à dr. — Or¹. B.

700 Moitié antérieure de cheval courant à dr., couronné par une
Victoire au vol. Devant, grain d'orge. R̷. Palmier en fruit
et légende punique. — Æ⁶. TB.

Vente François (1897), n. 54.

701 Tête de Cérès à g., coiffée d'épis et entourée de trois dauphins.
R̷. Buste de cheval à g. ; derrière, palmier. Exergue, deux
lettres puniques. — Æ⁶. TB.

Vente Lacroix, n. 978.

702 Tête d'Hercule jeune, coiffée de la peau de lion. R̷. de la pièce
précédente ; dans le bas, légende punique. — Æ⁶. TB.

703 Tête de Cérès à g. (fabrique carthaginoise). Ŗ. Cheval à dr.
— Æ⁶.

704 Mêmes types. — Æ³, 2 pièces.

705 Tête de Cérès à g., coiffée d'épis et parée d'un collier. Ŗ.
Cheval à dr.; dans le haut, le disque aux uræus. — B⁹.

706 Petits bronzes. Ŗ. Cheval au palmier et buste de cheval. —
4 p.

ILES

voisines de Carthage.

707 **Cossura**. Tête de déesse égyptienne à g., coiffée du klaft ;
devant elle, une Victoire qui la couronne. Ŗ. Légende
punique dans une couronne de feuilles. — B⁶. B.

NUMIDIE

708 **Jugurtha**. Tête laurée à g. Ŗ. Éléphant à dr.; lettre punique
en exergue. — Æ³. TB.

Vente Billoin (1886), n. 992.

Voir planche XV.

709 **Micipsa**. Tête imberbe à g. Ŗ. Cheval à dr. près d'un palmier.
— Æ³.

710 **Juba I**er. REX IVBA. Buste drapé et diadémé, à dr., le sceptre
sur l'épaule. Ŗ. Façade de temple à huit colonnes; légende
punique. - Æ³. TB.

MACON, PROTAT FRÈRES, IMPRIMEURS.

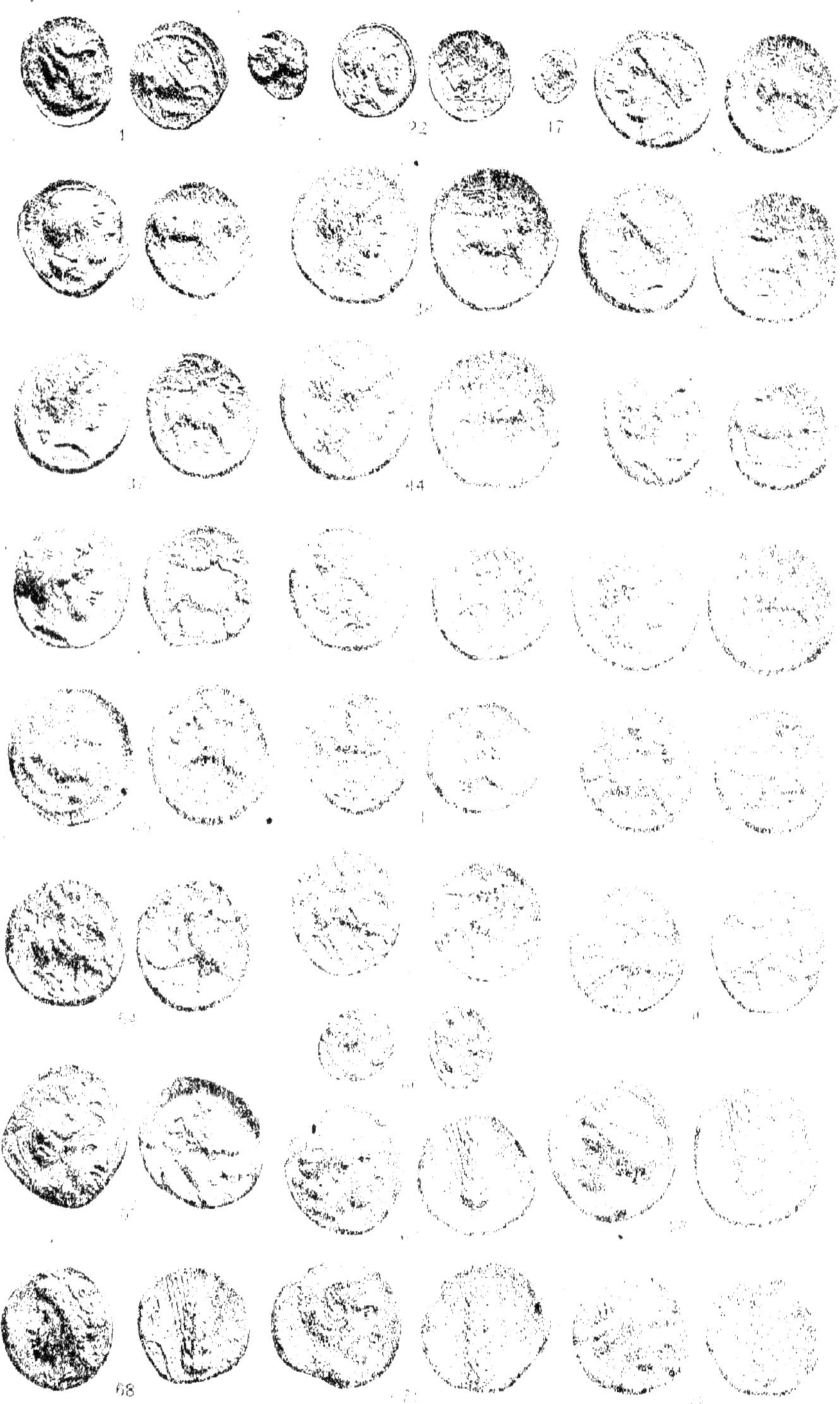

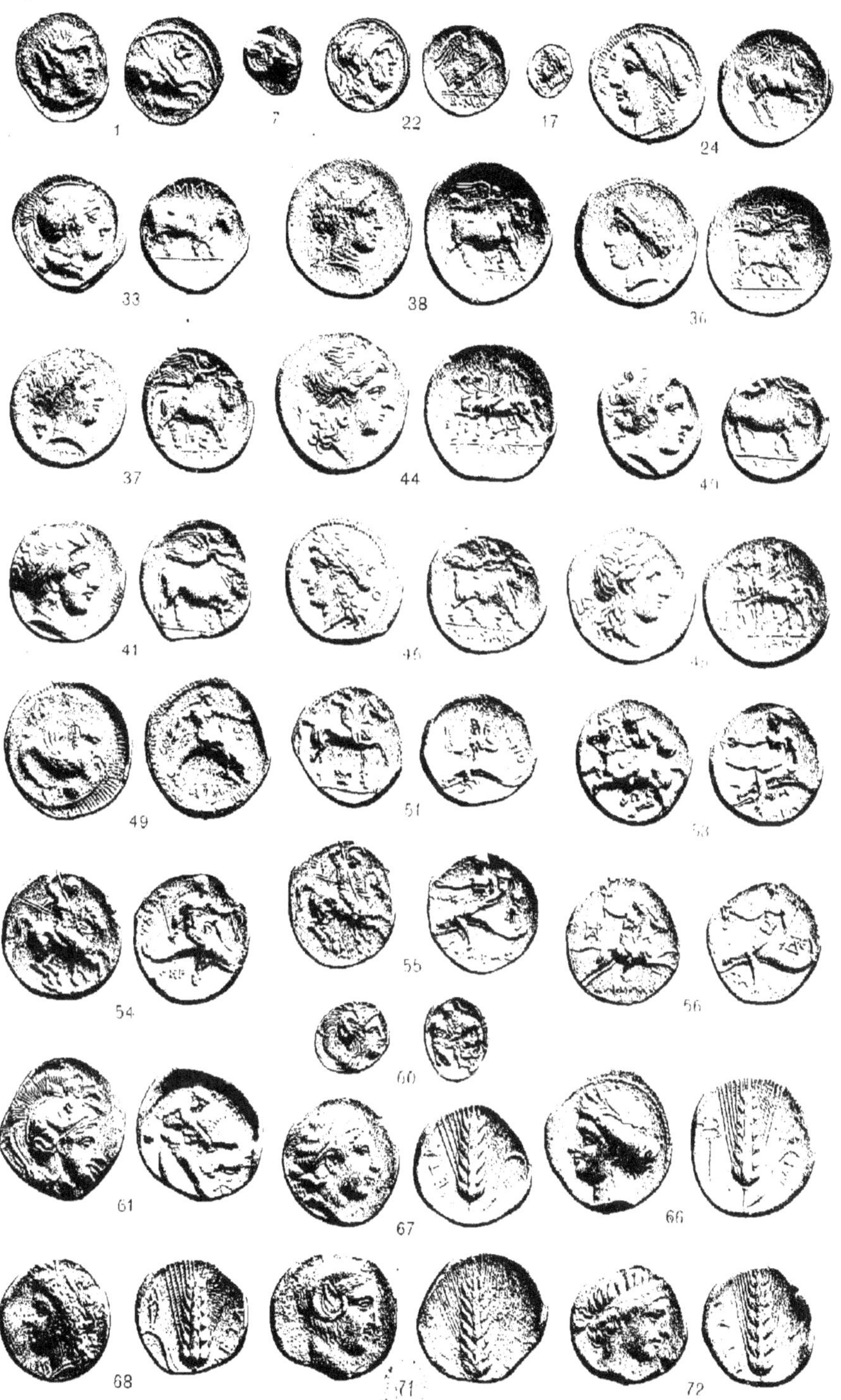

1
7
22
17
24
33
38
36
37
44
47
41
46
43
49
51
53
54
55
56
60
61
67
66
68
71
72

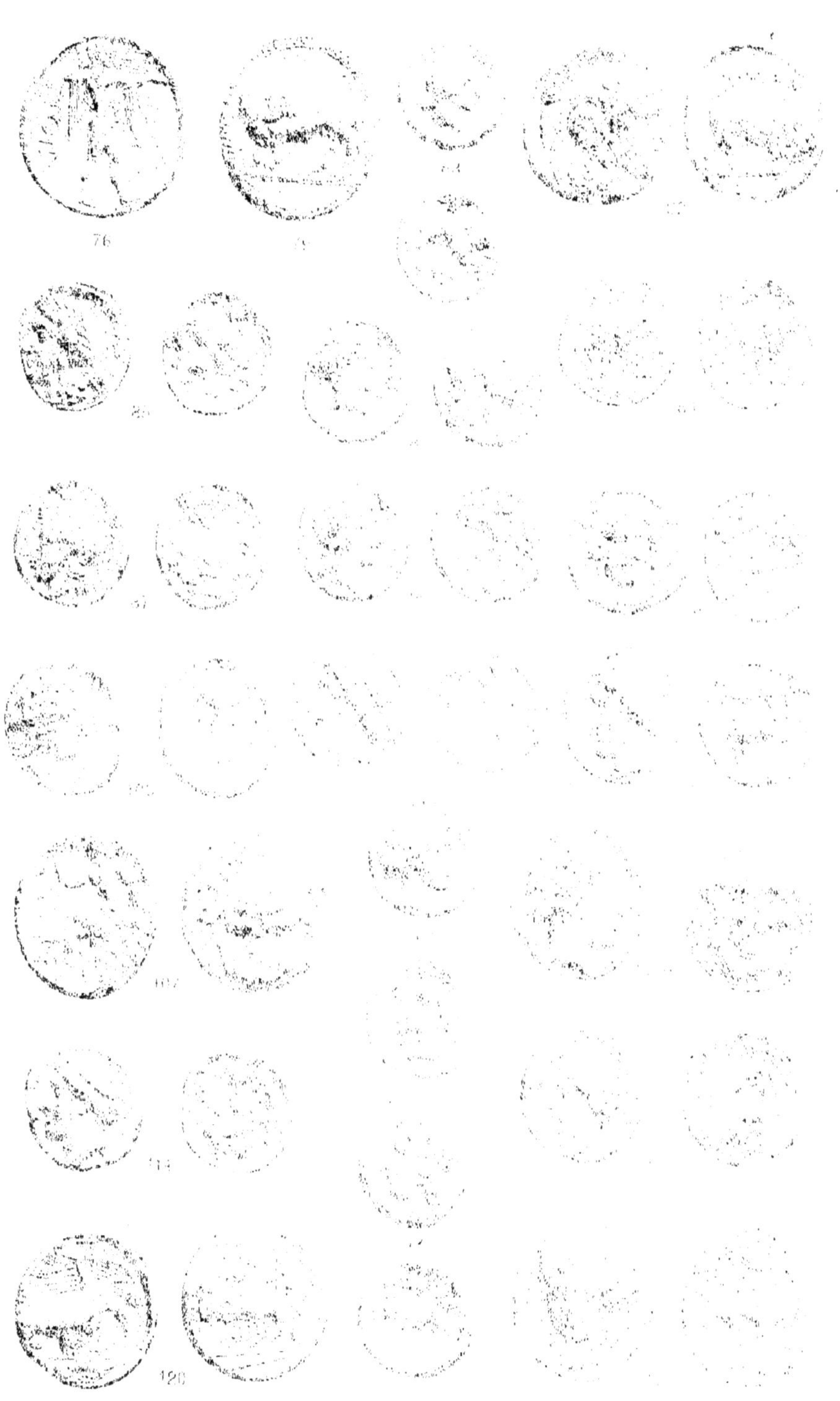

76
79
83
82
85
84
86
87
90
98
100
102
112
107
113
108
114
123
115
120
128

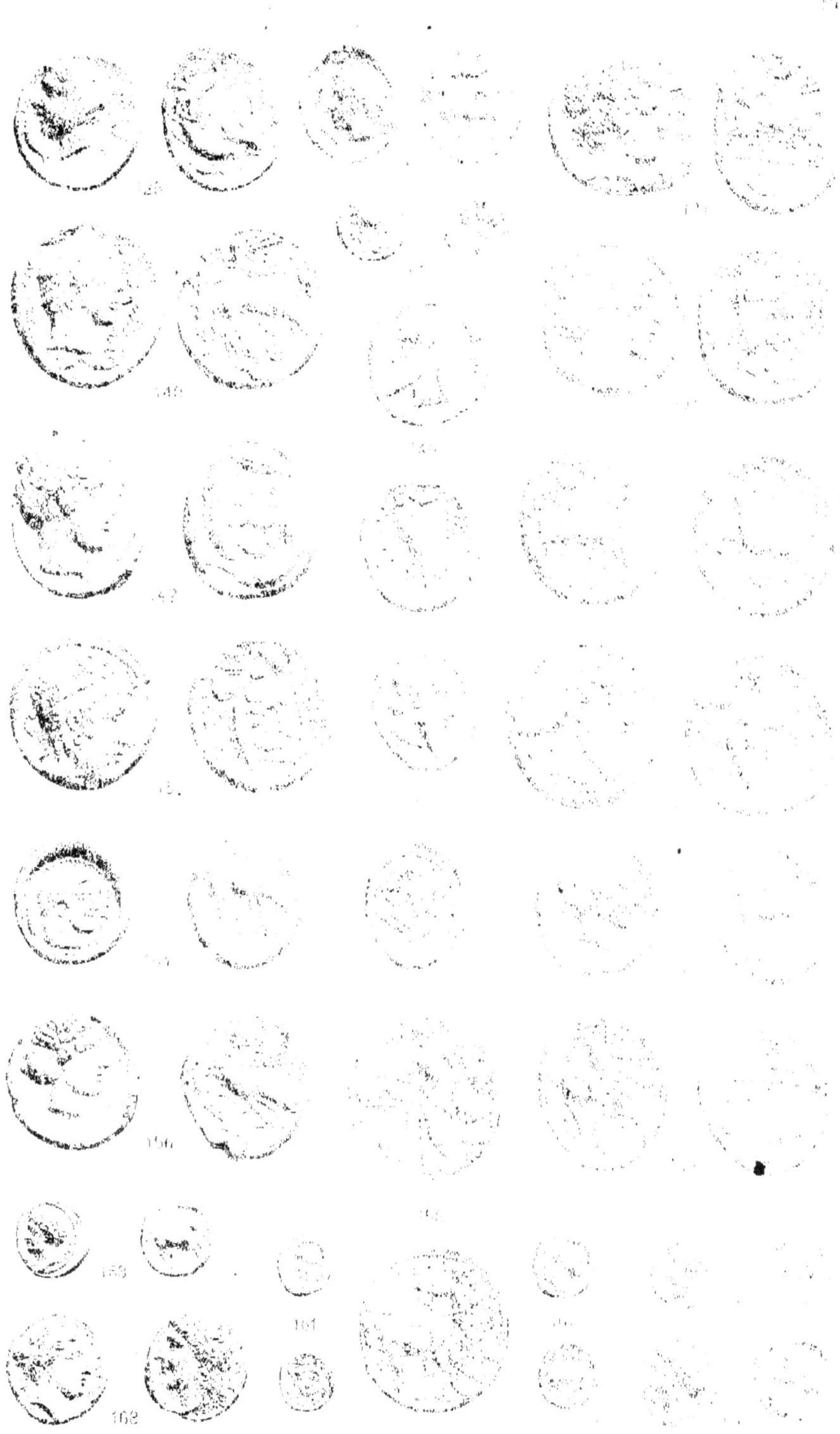

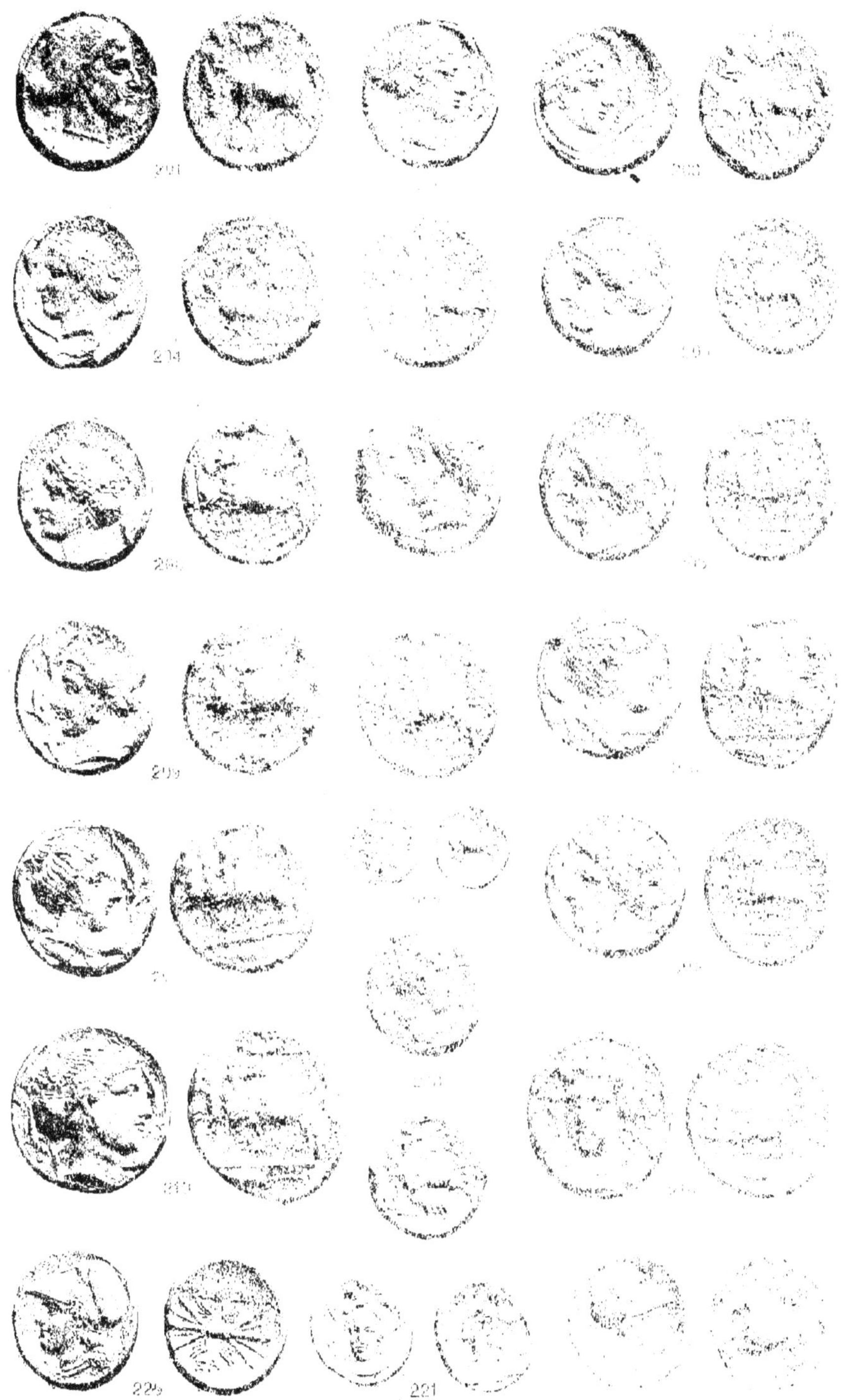

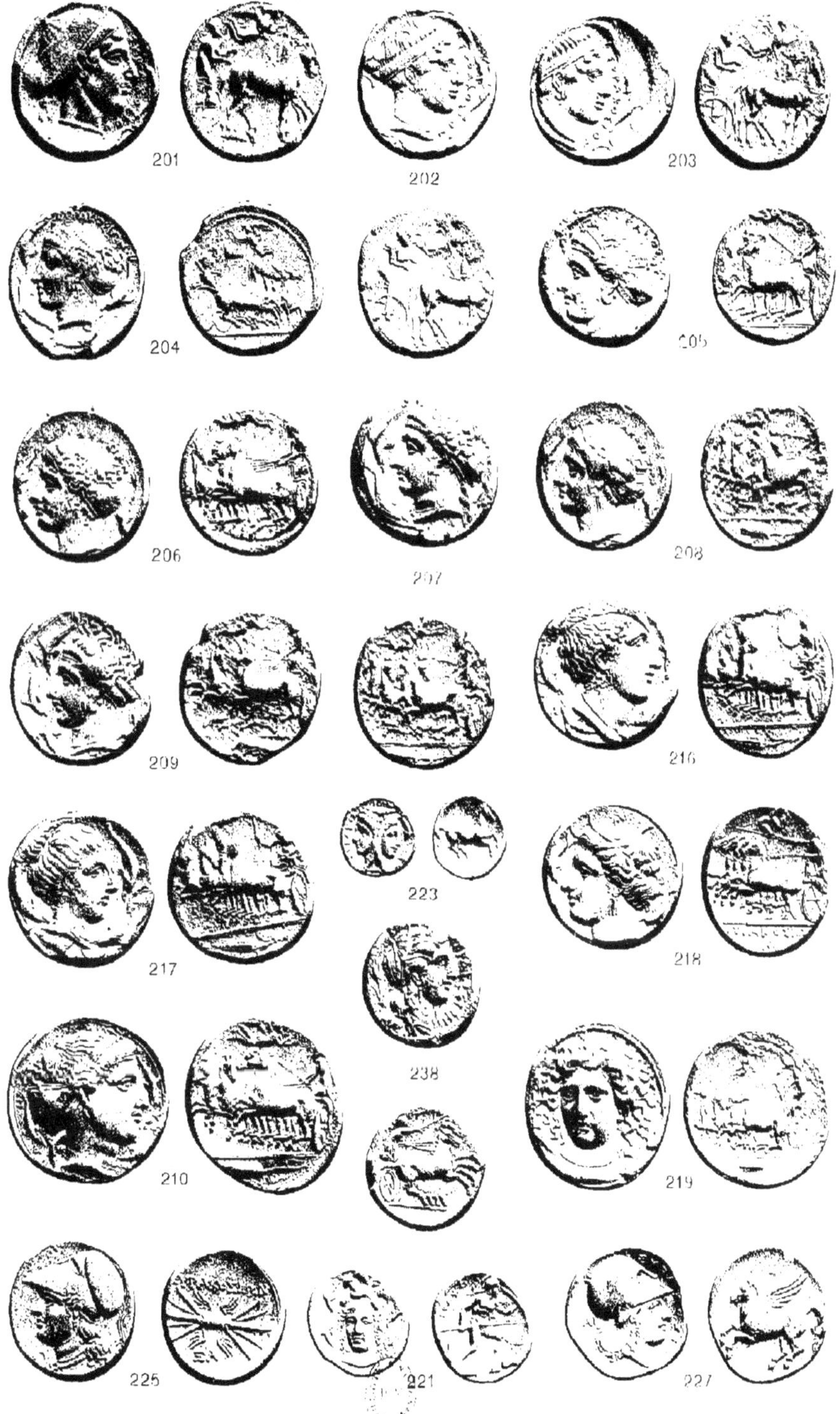

201

202

203

204

205

206

207

208

209

216

217

223

218

238

210

219

225

221

227

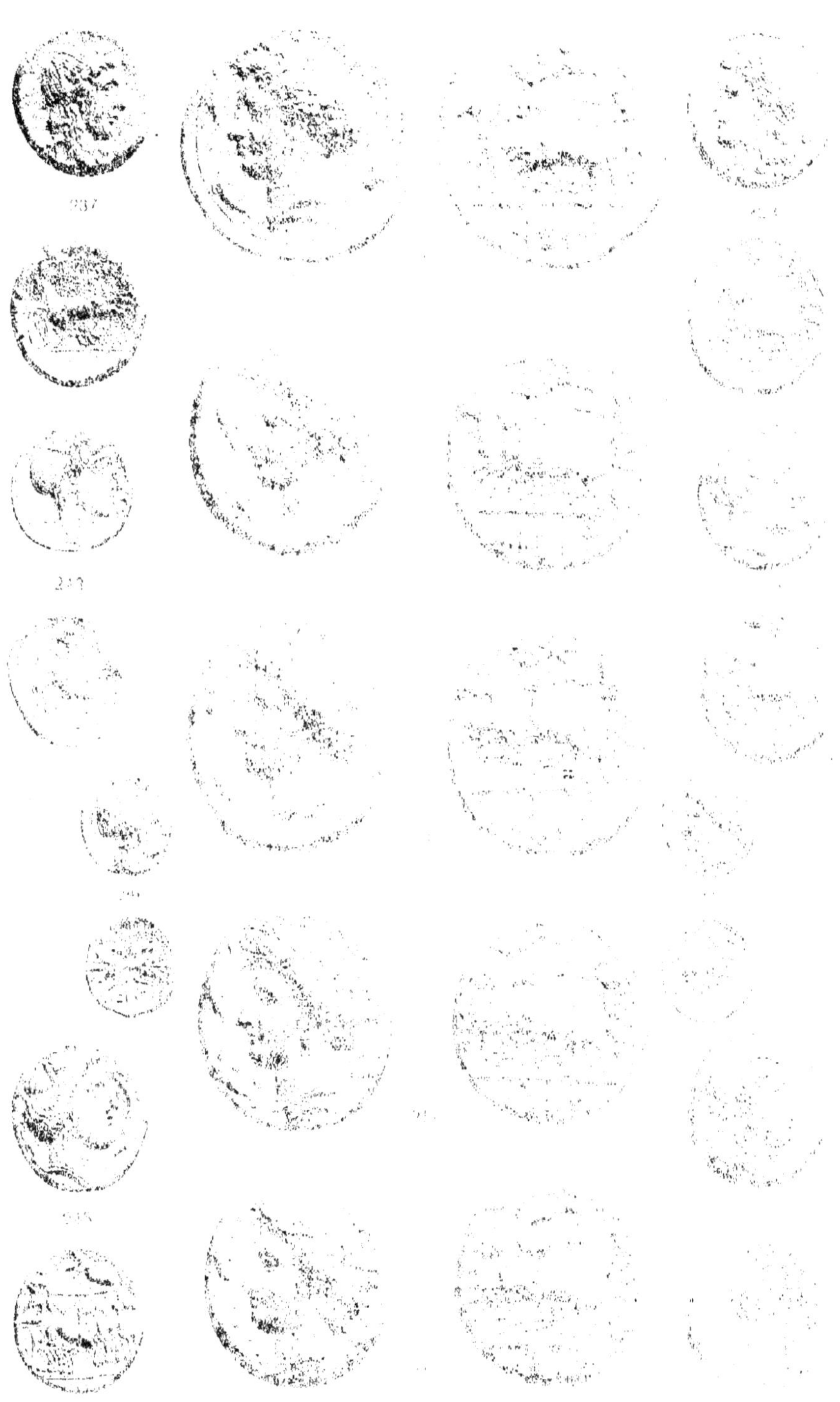

237

211

228

243

212

244

246

213

249

245

214

247

215

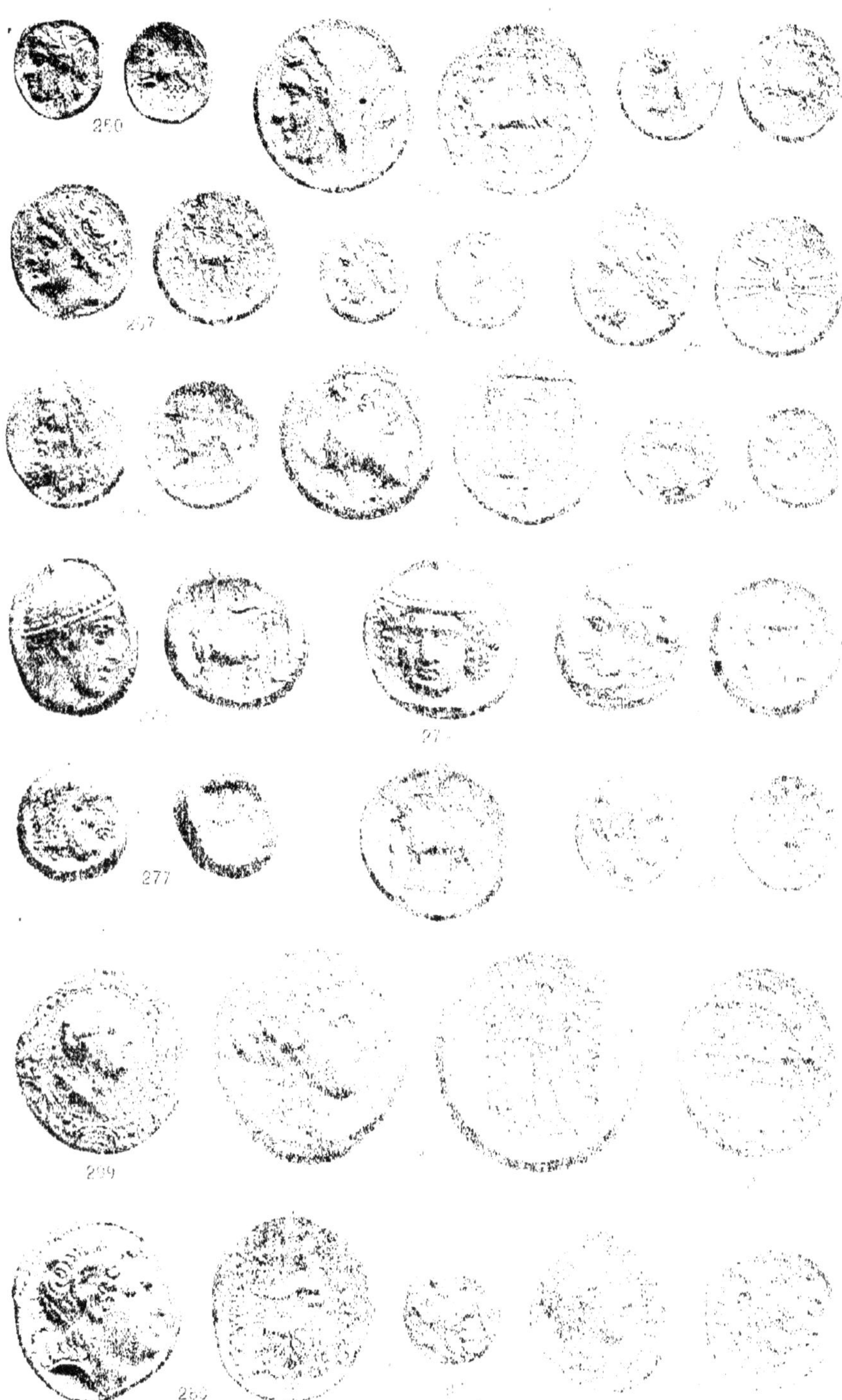

349
346
358
311
338
364
363
365
366
362
379
376
374
380
386
383
388
381
391
396

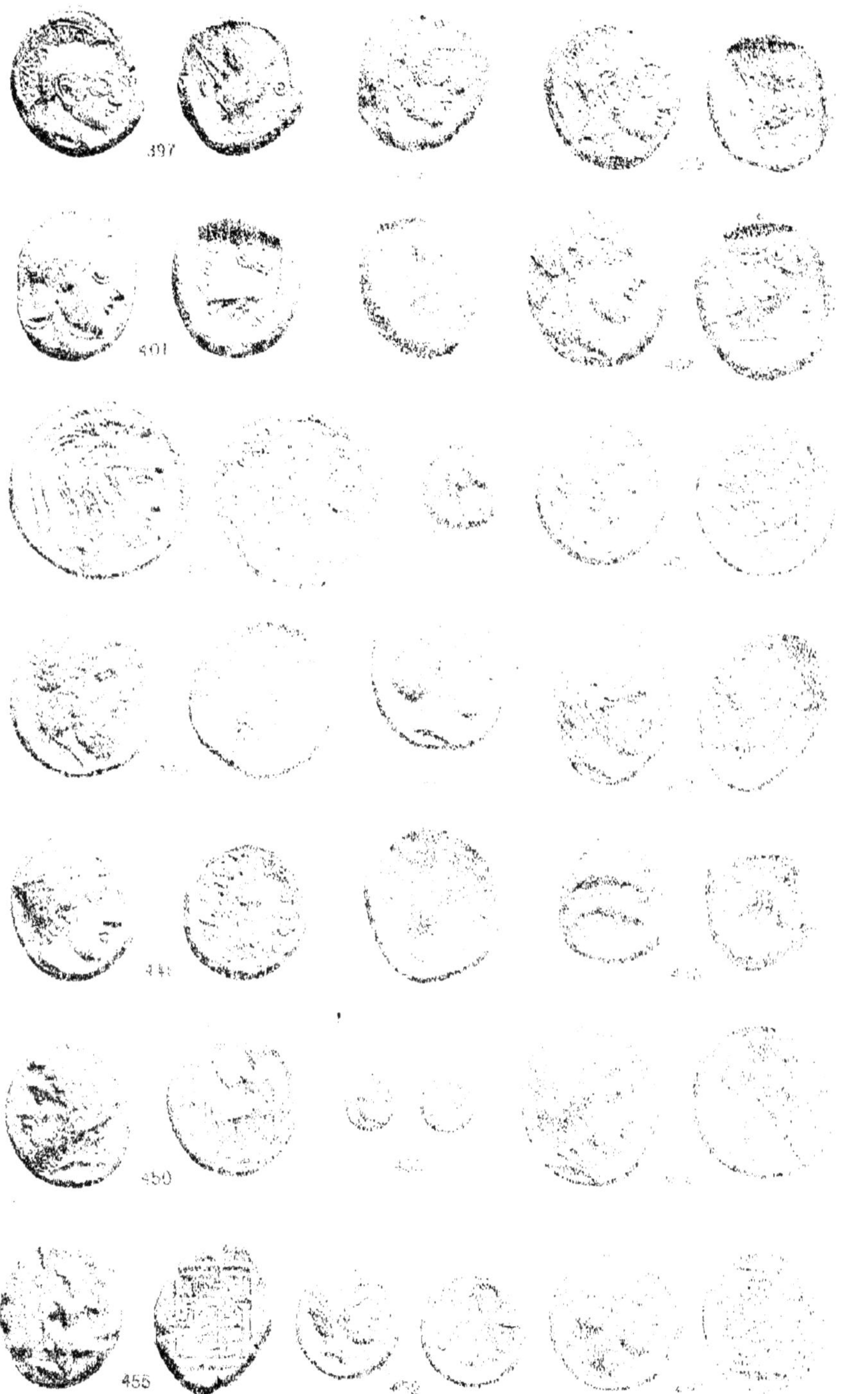
397
401
445
450
455

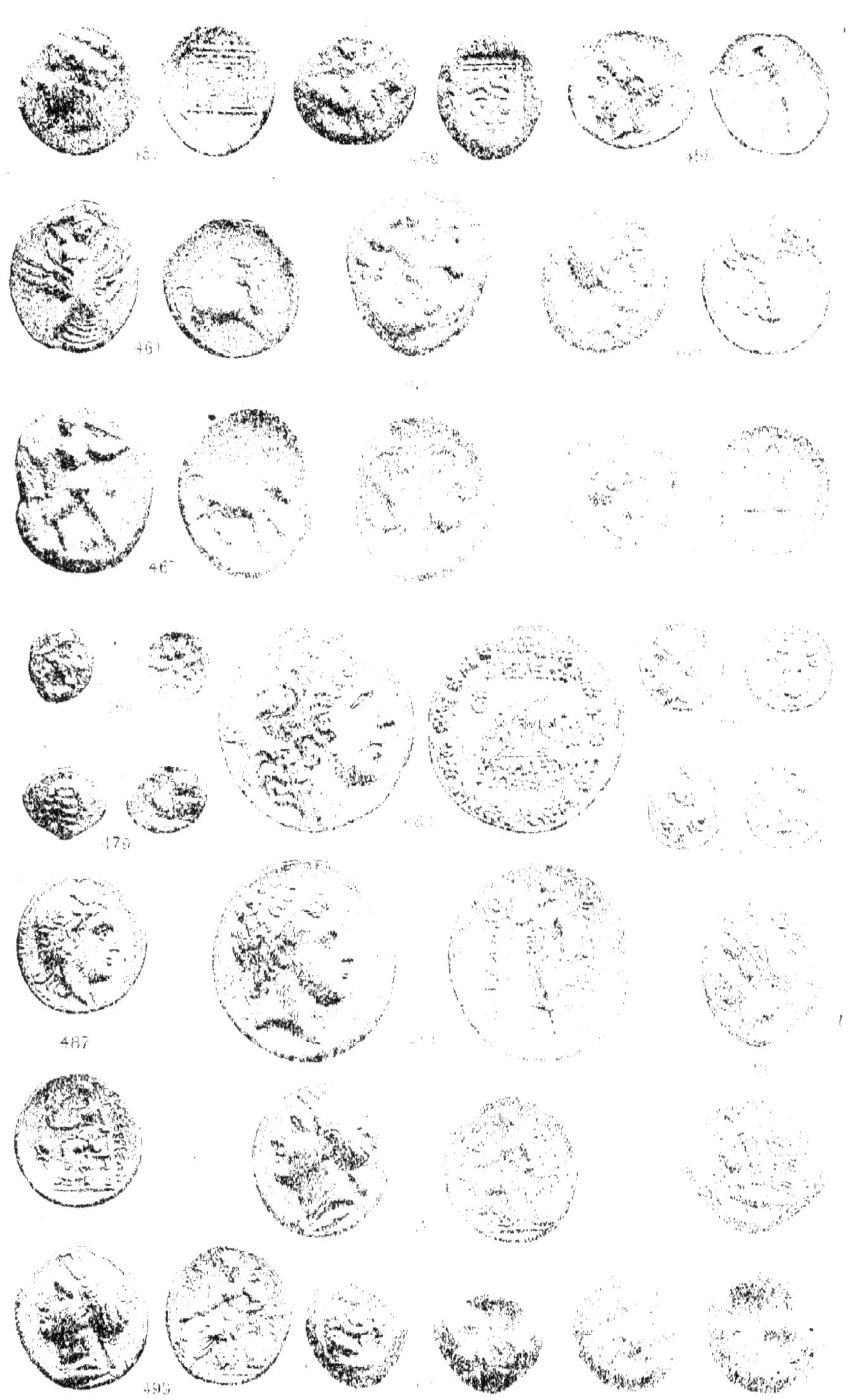

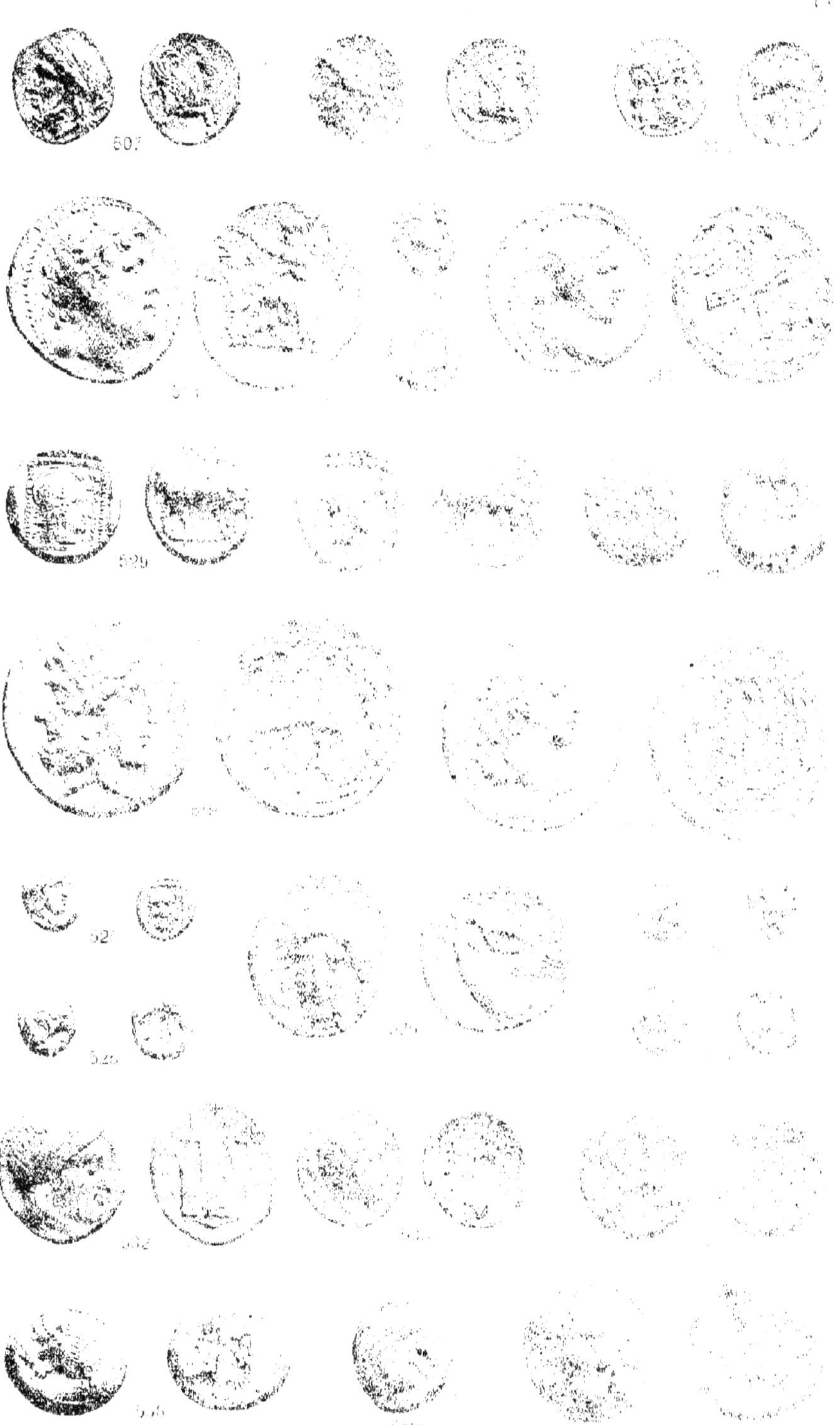

507 508 520

513 510 514

529 530 523

519 540

526 528

525 535 527

532 538 547

556 542 551

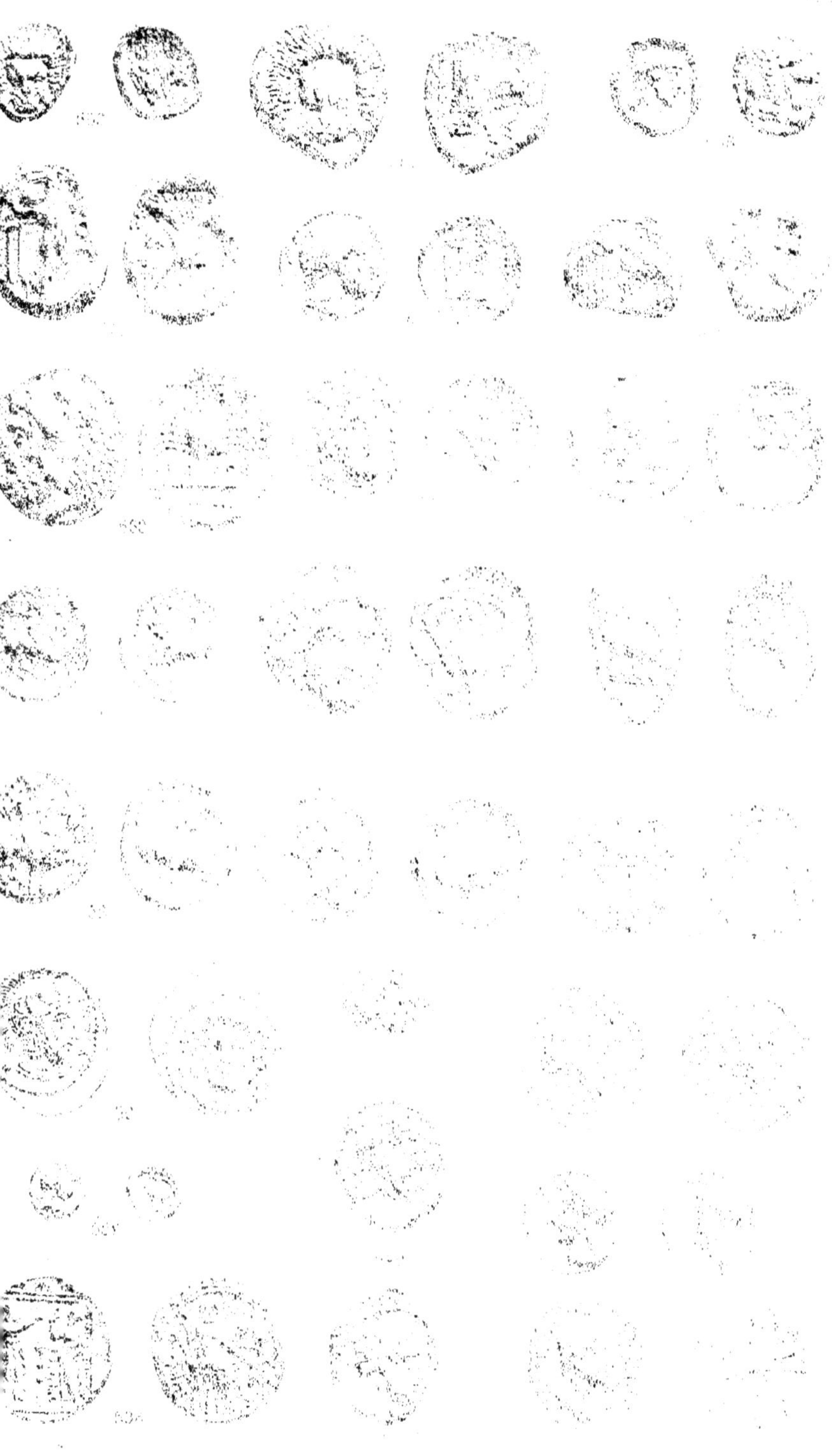

553
552
558
562
559
566
563
570
578
579
567
577
584
587
586
594
576
595
589
590
602
596
588

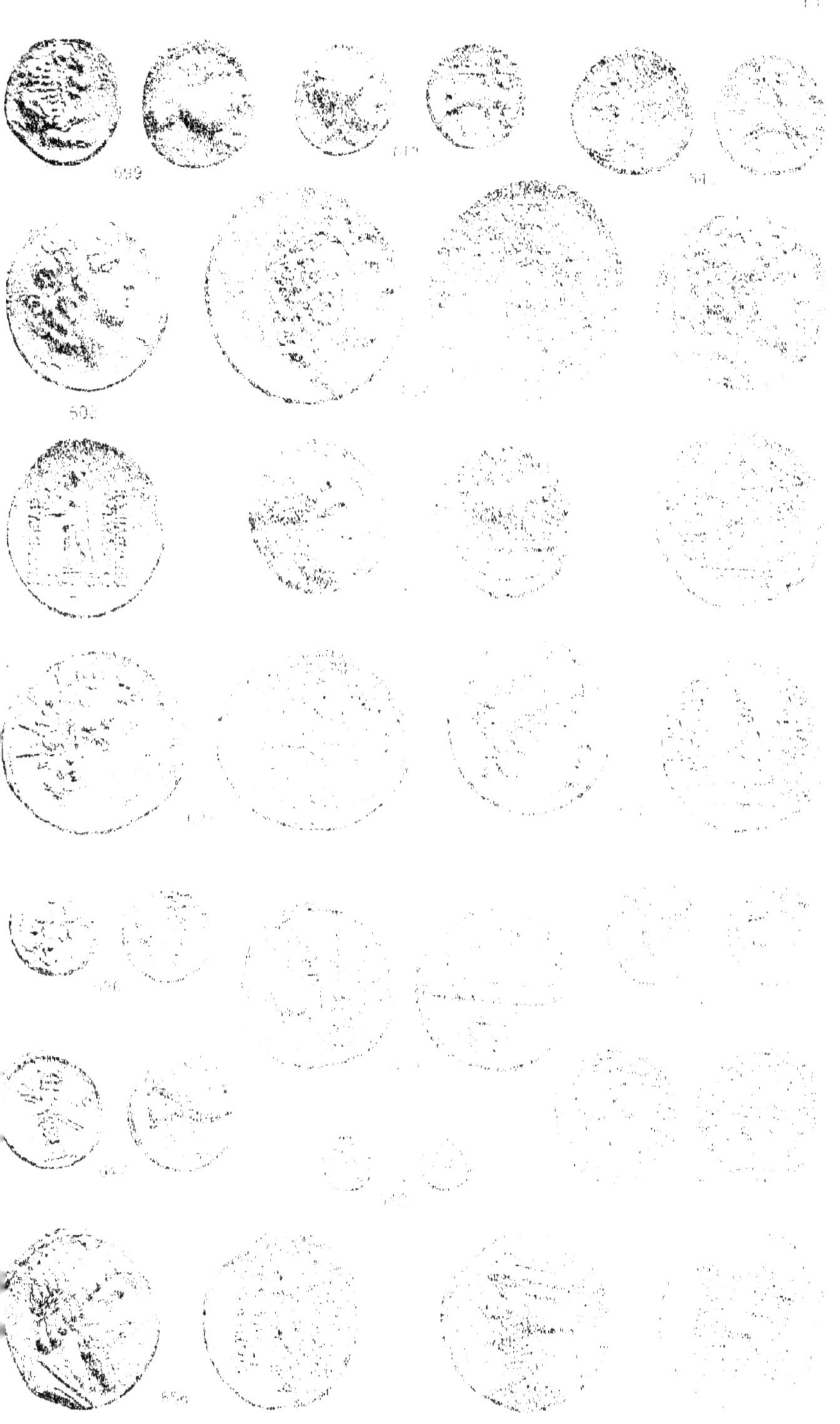

599

613

644

603

604

620

607

623

631

626

640

637

647

642

649

656

659

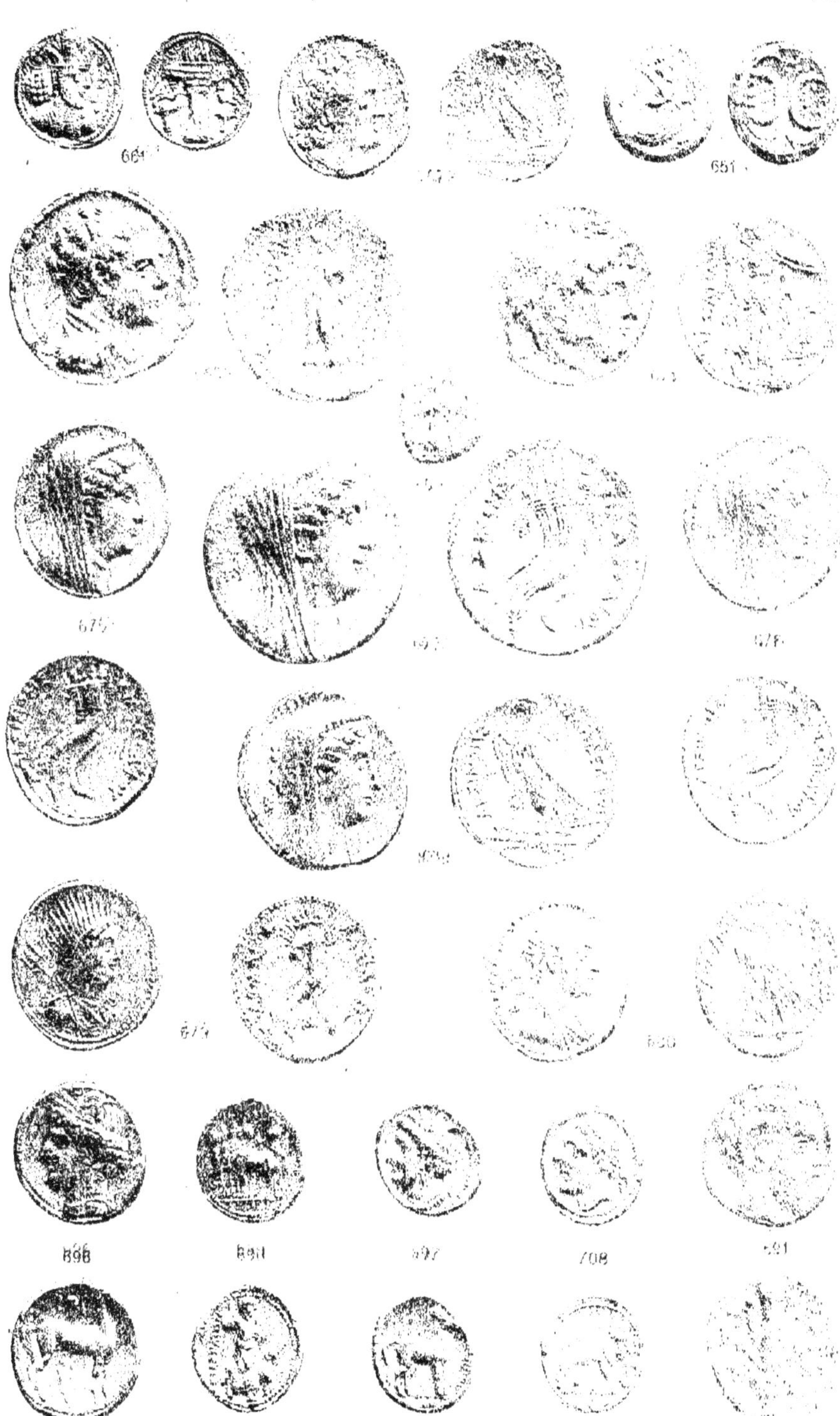

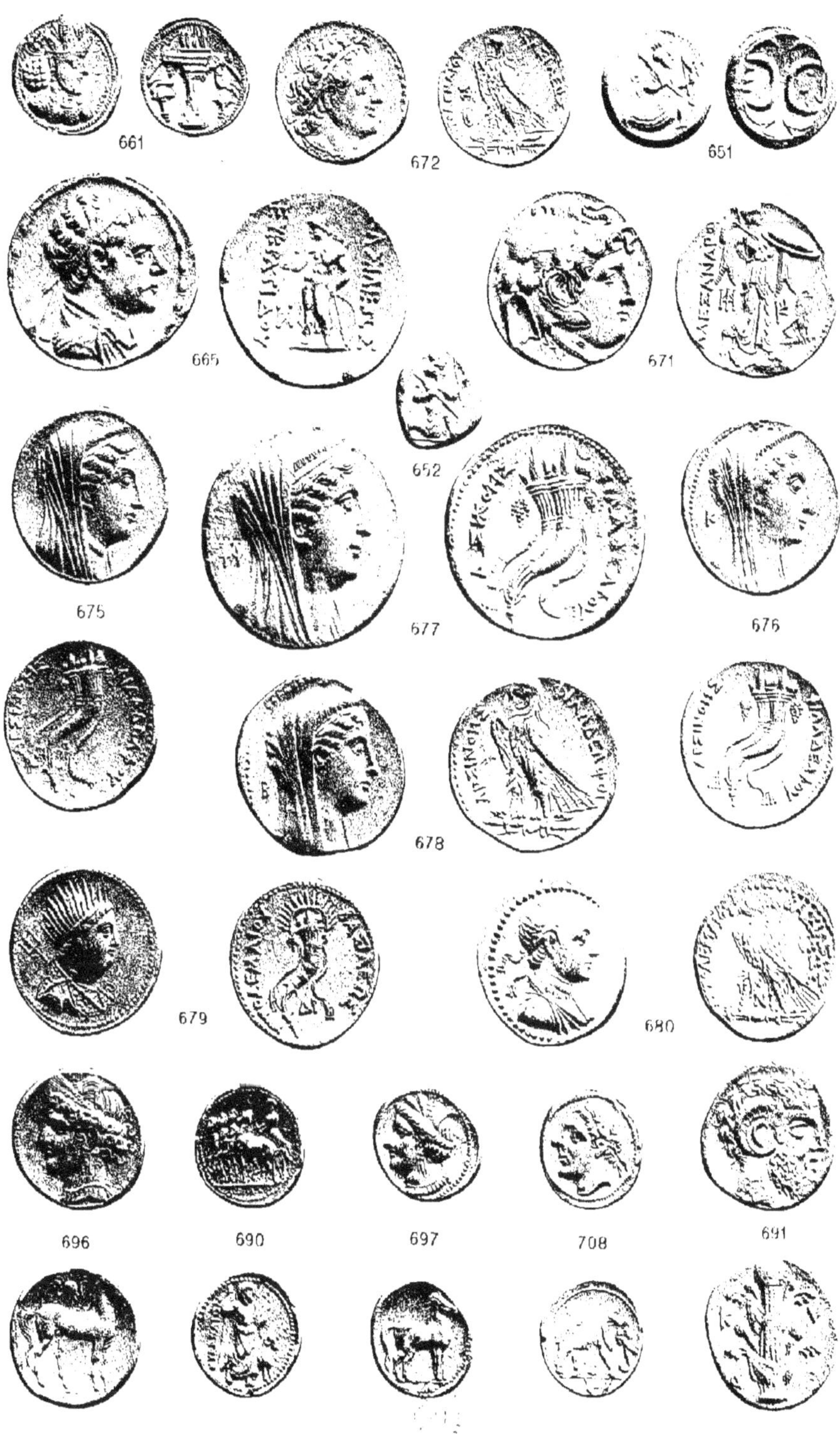
661
672
651
665
671
675
652
677
676
678
679
680
696
690
697
708
691

MACON, PROTAT FRÈRES, IMPRIMEURS